Die schönsten Wanderungen im
Vinschgau

◀ Wandertouren im Vinschgau

Hanspaul Menara

Die schönsten Wanderungen im

Vinschgau

Mit Schnalstal, Ortlergebiet und Oberland

45 Touren mit Routenkarte

Wanderungen für jedes Alter – vom gemütlichen Spaziergang bis zur zünftigen Gipfeltour

VERLAGSANSTALT ATHESIA I BOZEN

UMSCHLAGBILD
Kleiner Bergsee bei Glurns mit Blick zum Ortler

BILD SEITE 2
Waalweg bei Mals

Jeder Wandervorschlag ist mit einer Nummer gekennzeichnet.
Die Nummern auf der Übersichtskarte entsprechen den fortlaufenden Nummern
der einzelnen Wanderungen.

BENUTZERHINWEIS
Alle Angaben in diesem Wanderführer wurden vom Autor sorgfältig recherchiert. So… …bemerken,
nimmt de… …).
Die Benu… …Haftung
für etwai… …lag
übernom…

BIBLIOG… …BLIOTHEK
Die Deut… …Deutschen
Nationall… …abrufbar:
http://dnb…

2009
Alle Rechte vorbehalten
© by Verlagsanstalt Athesia AG, Bozen
Fotos und Texte: Hanspaul Menara

Wegkarten: © by Kompass-Karten GmbH
Kaplanstraße 2, A-6063 Rum/Innsbruck
Lizenznummer: 4-1008-LVB

Übersichtskarte: Heinz Matthias, Neumarkt

Design: Athesiaverlag, Marion Prossliner

Layout: Athesiaverlag, Ulrike Teutsch

Gesamtherstellung: Athesiadruck, Bozen

ISBN 978-88-8266-553-1

www.athesiabuch.it
buchverlag@athesia.it

Vorwort

Der Vinschgau, die ausgedehnte und geschichtsreiche Talschaft zwischen dem Passtal des Reschens und der Stadt Meran, bildet das erste große Wassereinzugsgebiet der Etsch. Zwar haben sich unterste Teile des Vinschgaus verwaltungsmäßig und touristisch auch mit dem Meraner Raum verbündet, doch ändert dies nichts an der althergebrachten Abgrenzung dessen, was man seit eh und je unter der Bezeichnung »Vinschgau« versteht.

Dieser Landschaftsraum stellt mit seinen vielfältigen, von den Meraner Weingärten über den berühmten Vinschgauer Sonnenberg bis zu den Hochgebirgen der Ortler-, Münstertaler und Ötztaler Alpen reichenden Landschaftsformen, mit seinen vielen – nicht selten romanischen oder gar karolingischen – Kulturzeugnissen und seinem weitläufigen Wegenetz eine besonders beliebte Wanderregion dar.

Der vorliegende Führer stellt nun 45 Wanderungen im genannten Landschaftsraum vor: bequeme Spaziergänge auf den berühmten Waalwegen ebenso wie anspruchsvollere Bergtouren, Wanderziele für den ausgesprochenen Naturfreund ebenso wie für den Liebhaber von Kulturzeugnissen und den Freund der höher gelegenen Regionen mit ihren Almen, Bergseen, Schutzhütten und Gipfeln.

Alle beschriebenen Wanderungen – die selbstredend keinen Anspruch auf eine wie immer geartete Vollständigkeit erheben wollen – habe ich selbst durchgeführt, um größtmögliche Verlässlichkeit gewährleisten zu können. Doch ist das Einschleichen von Fehlern nie völlig ausgeschlossen, und vor allem ist mit der Zeit natürlich auch mit Veränderungen zu rechnen. Daher ist es ratsam, sich vor Antritt einer Wanderung und ganz besonders einer größeren Bergtour zum Beispiel im Tourismusbüro, beim Alpenverein oder beim Hüttenwirt nach den gerade herrschenden Verhältnissen zu erkundigen.

Möge nun der vorliegende Wanderführer nicht nur die Wege zu den besonders lohnenden Zielen im Vinschgau weisen, sondern vor allem schöne, unbeschwerte, unfallfreie und erlebnisreiche Stunden vermitteln.

Hanspaul Menara

Wunderbare Welten entdecken

Foto: Josef Hackhofer

Naturparkhäuser in: Naturns, Tiers, Toblach, Truden, Enneberg, Sand in Taufers

Naturns | Tel. 0473 668201

Tiers | 0471 642196

Toblach | 0474 973017

Truden | 0471 869247

Sand in Taufers | 0474 677546

Abteilung Natur und Landschaft

Enneberg | 0474 506120

Für weitere Informationen wenden Sie sich an das

Amt für Naturparke
Rittner Straße 4
39100 Bozen
Telefon +39 0471 417770
Fax +39 0471 417789
naturparke.bozen@provinz.bz.it
www.provinz.bz.it/naturparke

AUTONOME PROVINZ BOZEN - SÜDTIROL   PROVINCIA AUTONOMA DI BOLZANO - ALTO ADIGE

INHALT

EINLEITUNG 11

1 **Zur Reschner Alm**
   Rundwanderung über dem großen Stausee.............. 22

2 **Von Reschen zum Ursprung der Etsch**
   Kurzwanderung im Scheitel des Vinschgaus 25

3 **Auf den Großen Schafkopf**
   Leichter Hochgipfel auf der Langtauferer Sonnenseite 28

4 **Von Melag zur Weißkugelhütte**
   Alm- und Hütten-Rundtour im innersten Langtauferer Tal ... 31

5 **Masebenalm und Tiergartenspitze**
   Leichte Dreitausendertour in Langtaufers................. 34

6 **Rund um den Haider See**
   Gemütliche Wanderung auf ebenen Wegen 37

7 **Auf die Seebödenspitze**
   Von St. Valentin über die Haider Alm zum Gipfel........... 40

8 **Auf das Großhorn**
   Lohnender Berggipfel östlich über St. Valentin............. 44

9 **Schliniger Almen und Sesvennahütte**
   Gemütliche Wanderung im inneren Schlinigtal 47

10 **Von Mals zum Tartscher Bühel**
   Auf alten Waalwegen zum berühmten Kirchhügel 50

11 **Glurnser Alm und Glurnser Köpfl**
   Bergwanderung über dem mittelalterlichen Städtchen 53

12 **Auf den Tellakopf**
   Gipfelwanderung bei Taufers im Münstertal............... 56

13 **Ins einsame Upital**
   Alm- und Seewanderung im Matscher Tal................. 59

14 **Zur Oberetteshütte**
   Wanderung ins innerste Matscher Tal 62

15 **Churburg und Schludernser Waalwege**
Rundwanderung am Ausgang des Matscher Tales 65

16 **Zu den Heiligen Drei Brunnen**
Kurze und bequeme Wanderung bei Trafoi 68

17 **Tabarettahütte und Payerhütte**
Von Sulden in die Hochwelt des Ortlers 71

18 **Höhenwanderung unterm Ortler**
Über den Morosiniweg zur Hintergrathütte 74

19 **Zur Düsseldorfer Hütte**
Eine der schöntgelegenen Schutzhütten der Ostalpen 77

20 **Auf das Hintere Schöneck**
Über die Kälberhütte zum lohnenden Dreitausender 80

21 **Nach Tanas und St. Peter**
Wanderung zur Siedlungslandschaft oberhalb Eyrs 83

22 **Sonnenpromenade und St. Ägidius**
Rundwanderung bei Schlanders und Kortsch 86

23 **Fisolhof und Burg Schlandersberg**
Zum Schlossbereich über der Schlandraunklamm. 89

24 **Zur Soyalm in Martell**
Von Gand hinauf zu den südseitigen Höhen 92

25 **Zum Stallwieshof**
Ins innerste Marteller Höfegebiet 95

26 **Gelbsee und Grünsee**
Einsames Tourenziel im Martelltal. 98

27 **Auf die Vordere Rotspitze**
Lohnender Dreitausender im innersten Martelltal 101

28 **Zur Zufall- und Marteller Hütte**
Bergwanderung im Talschluss von Martell 104

29 **Zum Burgbezirk Montani**
Waalwanderung zwischen Latsch und Morter 107

30 **Hohes Marchegg und Tarscher Jochwaal**
Rundwanderung im Gebiet der Almen von Tarsch und Latsch. 110

| 31 | **Der Latschander-Waalweg**
Klassische Waalwanderung bei Latsch . . . . 113 |
|---|---|
| 32 | **Auf die Vermoispitze**
Von St. Martin im Kofel zum bekannten Gipfel . . . . 116 |
| 33 | **Zur Burgruine Hochgalsaun**
Rundwanderung bei Kastelbell auf Burg- und Waalwegen . . . . 119 |
| 34 | **Von Tschars zum Schloss Juval**
Rundwanderung auf den Begleitwegen der Schnalswaale . . . . 122 |
| 35 | **Zum Saxalbersee in Schnals**
Einsames Wanderziel hoch über Karthaus . . . . 125 |
| 36 | **Mastaunhof und Mastaunalm**
Gemütliche Hof- und Almwanderung von Unser Frau aus . . . . 128 |
| 37 | **Auf den Kortscher Schafberg**
Von Kurzras über die Hungerschartenseen zum Gipfel . . . . . . 131 |
| 38 | **Höfewanderung im Schnalstal**
Siedlungslandschaft am Vernagter Stausee . . . . 134 |
| 39 | **Zur Similaunhütte**
Hochalpines Wanderziel für jedermann . . . . 137 |
| 40 | **Zum Eishof im Pfossental**
Wanderung durch ein faszinierendes Hochtal . . . . 140 |
| 41 | **Der Naturnser Wallburgweg**
Begleitweg eines ehemaligen Bewässerungswaales . . . . 143 |
| 42 | **Höferunde am Naturnser Sonnenberg**
Wanderung hoch über dem unteren Vinschgau . . . . 146 |
| 43 | **Lodnerhütte und Blasiuszeiger**
Unschwierige Bergtour im Naturpark Texelgruppe . . . . 149 |
| 44 | **Vigiljoch und Naturnser Alm**
Rundwanderung vom Höhendorf Aschbach aus . . . . 153 |
| 45 | **Der Partschinser Sagenweg**
Partschinser Waal, Goldersкofel und Wasserfall . . . . 157 |
| | **Stichwortregister** . . . . 160 |

Einleitung

Aufbau und Gliederung

Aufbau und Gliederung des vorliegenden Wanderführers sind einfach und übersichtlich. Sie erfolgen nach Talschaftsbereichen, und diese wiederum beinhalten die einzelnen Wandervorschläge mit den **wichtigsten Angaben im Überblick**, einem einleitenden Abschnitt und der genauen Wegbeschreibung. Hinzu kommen **Kartenausschnitte** mit den eingezeichneten Routen sowie eine reiche Ausstattung mit **Bildern,** die der Verfasser selbst bei den entsprechenden Wanderungen aufgenommen hat.

Schutzhütten

Unter dem Begriff »Schutzhütte« oder »Schutzhaus« sind alle zu Fuß erreichbaren, bewirtschafteten Unterkünfte im Gebirge zu verstehen, sofern es sich nicht um Berggasthäuser, Hofschenken oder Almschenken handelt. Die Dauer der Sommerbewirtschaftung hängt von der Lage, der Besucherdichte und von der Witterung ab; sie reicht im Allgemeinen von etwa Anfang Juli bis Ende September.

Außerdem bieten Berggasthäuser sowie als Jausenstationen bewirtschaftete Almhütten und Bauernhöfe **Einkehr-** und oft auch **Nächtigungsmöglichkeit.** Es liegt auf der Hand, dass die gastgewerbliche Bewirtschaftung im Lauf der Zeit Änderungen erfahren kann, daher ist es stets ratsam, entsprechende Informationen vor Antritt der Wanderung einzuholen.

Schutzhütten sind wichtige alpine Stützpunkte, aber auch beliebte Wanderziele (im Bild die Sesvennahütte).

Die Gehzeiten hängen unter anderem von der Gehweise und der Wegbeschaffenheit ab.

Wegbeschreibung

Die Wegbeschreibungen enthalten im Rahmen des zur Verfügung stehenden Raumes die für die Planung und Durchführung der Wanderung notwendigen Angaben. Die Angaben »rechts« oder »links« sind immer im Sinne der Gehrichtung zu verstehen, außer sie enthalten den Zusatz »orografisch«, worunter die Fließrichtung eines Baches zu verstehen ist.

Den einzelnen Routen sind zudem wichtige Informationen steckbriefartig vorangestellt.

Höhenunterschiede

Bei den in diesem Führer angegebenen Höhenunterschieden handelt es sich um die Höhendifferenz zwischen dem tiefsten und dem höchsten Punkt eines Weges und nicht um die Höhenleistung, die ein Wanderer etwa bei einer auf und ab führenden Route bewältigen muss. Bei Wegen mit durchschnittlicher Steigung gibt der Höhenunterschied ungefähre Anhaltspunkte für die Gehzeit: Für 300 bis 400 Höhenmeter benötigt man rund eine Stunde.

Gehzeiten

Bei den angeführten Gehzeiten handelt es sich um Annäherungswerte, die je nach Kondition, Gehgewohnheit, Witterung und sonstigen Verhältnissen mehr oder weniger stark variieren können. Die Angaben beziehen sich auf die reine Gehzeit ohne längere Rasten.

Wegmarkierung und Beschilderung

Die bei den Wegbeschreibungen angeführten Markierungen finden sich größtenteils auch **im Gelände** wieder, können in Einzelfällen aber auch verblasst, aufgelassen oder nur durch Farbflecke ersetzt sein. Gelegentlich muss auch mit geänderten Markierungsnummern gerechnet werden.

Die meisten Wege tragen **Nummern** als Markierung, manche aber auch **Buchstaben** oder **Kombinationen** aus beiden; andere Zeichen, etwa Kreise, Dreiecke oder Plaketten, beziehen sich meist auf Fernwege. Zusätzlich zur Markierung sind die Wege meist auch gut ausgeschildert, was die Orientierung sehr erleichtert.

Markierungen bieten nützliche Orientierungshilfen.

Schwierigkeit/Anforderung

Der Großteil aller markierten Wege stellt keine besonderen Anforderungen an den gehgewohnten Wanderer. Doch darf eine vorhandene Markierung nicht darüber hinwegtäuschen, dass ein Weg im Gebirge auch verhältnismäßig schwierig sein oder zumindest heikle Stellen aufweisen kann. Die Gesamtschwierigkeit geht aus dem **einleitenden Text** und der **Wegbeschreibung** hervor, zudem wird sie kurz und prägnant auch bei den **Kurzangaben** angeführt.

Selbstverständlich beziehen sich alle Angaben nur auf normale sommerliche Verhältnisse und auf guten Zustand der Wege. Schneelage, Vereisung, abgebrochene Wegteile, schadhafte Sicherungen oder weggeschwemmte Brücken können eine an sich leichte Route schwierig, gefährlich oder gar unbegehbar machen.

Informationen

Vor dem Antritt besonders einer längeren Tour empfiehlt es sich, vor Ort **Auskünfte** über die augenblicklichen Verhältnisse (Weg-

Vor Antritt der Tour erkundige man sich nach dem Zustand der Wege und Brücken.

zustand, Einkehr- oder Nächtigungsmöglichkeiten usw.) einzuholen. Hiezu stehen vor allem die Fremdenverkehrsbüros in den einzelnen Ortschaften zur Verfügung.

Kartenausschnitte

Die Kartenausschnitte in diesem Wanderführer sollen ausschließlich einen **ersten Überblick** vermitteln und niemals die Verwendung einer Wanderkarte – möglichst großen Maßstabs und bester Qualität – ersetzen.

Richtiges Wandern

Wandern – gleichgültig in welcher Form, ob als Spaziergang, als mehr oder weniger zünftiges Bergsteigen, als Naturerlebnis oder als kulturelle Bereicherung – ist gesund, erholsam und erlebnisreich und schenkt ein gewisses **Gefühl von Freiheit.** Allerdings sollte diese Freiheit nicht mit Narrenfreiheit verwechselt werden, Wandern nicht mit Hochleistungssport und Frohsinn nicht mit Leichtsinn. Und man sollte stets bedenken, dass auch leichte Wanderungen **gewisse Gefahren** in sich bergen.

Selbstverständlich wird man, wenn man einen weiten Weg vor sich hat, mit der Zeit haushalten und trachten, zügig voranzukommen. Ganz allgemein aber ist ein gleichmäßiger, ruhiger Schritt einem hastigen Gehen vorzuziehen.

Das Wandern ohne Begleitung kann zwar sehr schön sein, im Hinblick auf die Sicherheit soll es hier aber nicht empfohlen werden.

Die Vorbereitung

Am Anfang muss man festlegen, wohin die Wanderung führen soll. Hiefür sollte man sich anhand von Karte, Wanderführer und Fahrplänen (Info 840 000 471 oder www.sii.bz.it) rechtzeitig mit Wanderziel, Anfahrt, Verkehrsmitteln, Wegverlauf, Anforderungen und Gehzeiten vertraut machen und falls nötig weitere **Informationen** einholen. Mit diesem Wissen kann man dann darangehen, Bekleidung, Schuhwerk und übrige Ausrüstung herzurichten. Man tue dies früh genug und **ohne Hektik.** Zur Vorbereitung auf eine größere Wanderung gehören auch eine gut durchschlafene Nacht und ein

Manchmal fehlt ein richtiger Weg – dann wird das Gehen zumindest beschwerlicher.

ordentliches Frühstück. Beides trägt zu gutem Gesamtbefinden bei und beugt unnötiger Nervosität vor.

Kondition und Trittsicherheit

Für eine leichte und kurze Wanderung bedarf es keiner besonderen Kondition. Ist sie aber länger, der Weg steil oder gar etwas heikel, dann ist schon eine gewisse **Gehtüchtigkeit** und **Trittsicherheit** sehr wichtig, die man nur durch wiederholte Wanderungen erwerben kann, bei denen man sich nach und nach an das steile Gelände, an die Tücken schmaler oder beschwerlicher Pfade sowie an das Gehen mit Bergschuhen gewöhnt.

Wegarten

Wanderrouten können sehr unterschiedlich sein. Überwiegen im eigentlichen Gebirge die gewöhnlichen, manchmal mit Sicherungen versehenen Fußpfade, so wechseln in tieferen Lagen oft entlang einer einzigen Route auch gleich mehrere Wegarten einander ab. Dort

Auch kurze, relativ unschwierige Klettersteige erfordern Trittsicherheit und Schwindelfreiheit (im Bild der Aufstieg zur Vorderen Rotspitze in Martell).

gibt es, neben einfachen Fußwegen mit Natursteinen, gepflasterte Karrenwege und ungeteerte Fahrwege (sogenannte Güter- und Forstwege). Zumindest streckenweise muss man sich gelegentlich leider auch mit dem Wandern auf geteerten Straßen abfinden.

Auf Klettersteigen und Gletschern

Der vorliegende Führer enthält keine Gletschertouren oder besonders schwierige Klettersteige. Dennoch ein paar Hinweise:

Die Begehung von Klettersteigen und Gletschern stellt an Können, Erfahrung und Ausrüstung besondere Anforderungen, und der Anfänger darf sich an solche Touren **nicht ohne Führung** (Bergführer, erfahrener Tourengeher) wagen. Auf Klettersteigen sind absolute Schwindelfreiheit, Trittsicherheit und ein gewisses Maß an Kletterübung vonnöten. Die Ausrüstung besteht bei Gletschertouren hauptsächlich aus Seil, Pickel und Steigeisen, während auf schwierigen Klettersteigen in erster Linie Klettergürtel, Steinschlaghelm, Karabiner und Reepschnüre notwendig sind.

Auf weniger schwierigen gesicherten Wegstrecken, die ohne spezielle Klettersteigausrüstung begangen werden, ist natürlich erhöhte Vorsicht geboten.

Bekleidung und Ausrüstung

Bei den meisten beschriebenen Routen bedarf es außer der üblichen Wanderbekleidung keiner besonderen Ausrüstung.

Die Bekleidung sollte sich nach der Länge und Schwierigkeit der Wanderung, nach der Höhenlage des Wanderzieles, nach der Witterung und nach der geografischen Lage des Wandergebietes richten.

Genügt im Hochsommer in wärmeren Gebieten bei unsicherer Witterung die Mitnahme eines **leichten Regenschutzes,** so ist im Frühjahr, Herbst und erst recht im Winter sowie in hochalpinen oder nordexponierten Zonen auch **Kälteschutz** (Anorak, Mütze) mitzunehmen.

Bei Wanderungen auf guten Wegen genügen an sich leichte Wanderschuhe; doch wenn mit abschüssigen, steinigen oder sumpfigen Wegstrecken gerechnet werden muss, empfiehlt sich **festeres, wasserdichtes** und **rutschsicheres Schuhwerk.**

An **Ausrüstungsgegenständen** sollten bei keiner längeren Tour eine zweckmäßige Rucksackapotheke, ein Taschenmesser und die Wanderkarte fehlen. Bei einer Wanderung, bei der man in die Nacht geraten könnte, ist eine Taschenlampe wichtig.

Gehstöcke können hilfreich sein, auf Klettersteigen aber auch hinderlich; auf steilem Altschnee oder vereisten Stellen leisten Eispickel und Leichtsteigeisen (sogenannte »Grödeln«) gute Dienste.

Der Proviant

Die Mitnahme von Proviant richtet sich nach den eigenen **Essgewohnheiten,** nach der **Länge der Wanderung** und nach den vorhandenen Einkehrmöglichkeiten. Wer kräftig gefrühstückt hat, wird auf einer Tageswanderung nicht allzu viel Proviant mitschleppen.

Die beste Jahreszeit

Die hohe Zeit der Bergwanderungen sind natürlich der **Sommer** und der **Frühherbst**, d.h. die Monate Juli, August und September. Gaststätten und Schutzhäuser sind zu dieser Zeit bewirtschaftet und die Wege problemlos begehbar. Der Hochsommer ist allerdings auch die

Im Hochsommer muss mit verstärkter Gewitterneigung gerechnet werden.

Zeit der Gewitter und des stärksten Besucherzustroms. Besonders in Gebieten mit regem Tourismus ist in dieser Zeit mit überbelegten Hütten, überlaufenen Klettersteigen und überfüllten Straßen zu rechnen. Wanderungen in tiefer gelegenen Gebieten sind besonders im Frühjahr und Herbst zu empfehlen.

Was niemand mag

Die meisten Wanderer legen ein ausgeprägtes Umweltbewusstsein an den Tag; den wenigen anderen sei Folgendes ins Stammbuch geschrieben: Man brüllt nicht in den Wäldern herum, reißt nicht seltene Blumen ab, trampelt nicht Pilze und Ameisenhaufen nieder, bekritzelt nicht von der Sitzbank bis zur Kirchenwand alles, was bekritzelbar ist, man zerstampft nicht den Bauern das Gras, entzündet im Freien keine Feuer, beschädigt nicht Zäune und Wegweiser und vor allem hinterlässt man nicht den eigenen Dreck, zu dem auch Papiertaschentücher gehören!

Zum Natur- und Umweltschutz gehört auch, dass man keine Blumen abreißt (im Bild Arnikablüten).

Im Schutzhaus

Allgemeine Rücksichtnahme und die Einhaltung der Nachtruhe sollten eine Selbstverständlichkeit sein; ebenso die Einsicht, dass ein Schutzhaus kein Fünfsternehotel ist.

Wer in der Hauptreisezeit in einem Schutzhaus zu nächtigen gedenkt, sollte sich rechtzeitig vormerken.

Selbstverständlich betritt man die Schlafräume nicht mit Bergschuhen, geht man mit Feuer (etwa im Winterraum) äußerst vorsichtig um, hinterlässt man keine Abfälle in den Schlafräumen und »verewigt« sich nicht an den Wänden, sondern im Hüttenbuch.

Falls es Unklarheiten bezüglich einer geplanten Tour gibt, bespreche man sich mit den Wirtsleuten.

Mobilcard
Eine Woche Südtirol

AUTONOME PROVINZ BOZEN
VERKEHRSVERBUND
SÜDTIROL
PROVINCIA AUTONOMA DI BOLZANO
TRASPORTO INTEGRATO
ALTO ADIGE

Entdecken Sie Südtirol mit den Verkehrsmitteln des
Südtiroler Verkehrsverbundes · Info Mobilität: 840 000 471

Seilbahnen und öffentliche Verkehrsmittel

Manche Seilbahnen und Sessellifte sind nur während der winterlichen Skisaison in Betrieb. Auch können ältere Führerwerke und Wanderkarten derartige Aufstiegshilfen verzeichnen, wo es sie nicht mehr gibt. Daher sollte man vor Antritt einer Tour stets entsprechende Auskünfte einholen.

Die Ausgangspunkte vieler Wanderungen sind bequem mit den öffentlichen Verkehrsmitteln zu erreichen. Informationen zu Fahrplänen erhalten Sie unter Tel. 840 000 471 oder www.sii.bz.it

Die preisgünstige Mobilcard Gebietskarte West erlaubt die Benutzung aller öffentlichen Verkehrsmittel vom Reschen bis Bozen an sieben aufeinanderfolgenden Tagen. www.mobilcard.info

Ein Unfall – was dann?

Unfälle ereignen sich nicht nur bei schwierigen Touren, sondern auch bei leichten Wanderungen.

Ist nun so ein Unfall geschehen, sollten die Wanderbegleiter oder zufällig Dazugekommenen möglichst Ruhe bewahren und

genau überlegen, was unternommen werden kann und muss. Sind die Verletzungen nur leicht und ist der Verunglückte leicht zu erreichen, wird man versuchen, **selbst Erste Hilfe zu leisten** (daher Rucksackapotheke wichtig!) und den Verletzten dorthin zu bringen, wo weitere Hilfe möglich ist.

Befindet sich der Verunglückte in schwer zugänglichem Gelände, ist genau zu überlegen, wie und ob er ohne Gefährdung der Hilfeleistenden erreichbar ist; **unüberlegtes Zuhilfeeilen** kann zu einem weiteren Unfall führen!

Bei schweren Verletzungen kann der Laie meist nur versuchen, fernmündlich Hilfe herbeizurufen. Die Unfallmeldung erfolgt vorzugsweise an die allgemeine **Notrufzentrale** oder an den nächstliegenden **Rettungsdienst.** Je ruhiger und präziser die Angaben gemacht werden, desto effizienter ist der Rettungseinsatz möglich. Besonders wichtig sind dabei möglichst genaue Angaben über die Verletzungen, die Anzahl der Verunglückten, über Unfallort, Witterung am Unfallort, eventuelle Landemöglichkeiten für Hubschrauber, die eigenen Personalien und die Rückrufnummer.

Ist diese Form des Hilfeholens nicht möglich, wird das **internationale alpine Notsignal** gegeben, das jeder Wanderer kennen sollte und im nächsten Absatz beschrieben wird. Man sei sich stets bewusst, dass die Nichtkenntnis des alpinen Notsignals und das Fehlen der wichtigsten Ausrüstungsgegenstände (Rucksackapotheke, Taschenlampe, Reepschnur, Kälteschutz, Wanderkarte) schwerwiegendste Folgen haben können!

Das alpine Notsignal

Diese international gültige Art des Hilferufens besteht darin, dass man **sechsmal alle zehn Sekunden** »ruft«, eine Minute wartet, wieder sechsmal alle zehn Sekunden Signal gibt, und so fort, bis Antwort erfolgt. Die Abgabe des Signals erfolgt bei Tag durch **Hilferufe und Schwenken** eines auffallenden Kleidungsstückes, bei Nacht durch **Rufen und Blinken mit einer Taschenlampe.** Die Antwort erfolgt dann in gleicher Weise, aber in Abständen von 20 Sekunden.

Man präge sich daher ein: »Hilfe« alle 10 Sekunden, »Verstanden« alle 20 Sekunden.

Landesnotrufzentrale: **118**

Zur Reschner Alm

Rundwanderung über dem großen Stausee

Weideboden auf der Reschner Alm mit Blick zu den westlichen Ötztaler Alpen

Die Wanderung im Überblick: Reschen – Reschner Alm – Fallierteck – Reschen

Anreise: Durch den Vinschgau oder vom Oberinntal herauf nach Reschen

Ausgangspunkt: Reschen

Höhenunterschied: 523 m

Gesamtgehzeit: 2 ½ Std.

Orientierung und Schwierigkeit: Für gehgewohnte Wanderer leicht und problemlos

Einkehrmöglichkeiten: ja

Beste Jahreszeit: Sommer – Frühherbst

Wanderkarten 1:50.000: Kompass, Blatt 52 (Vinschgau); Freytag-Berndt, Blatt S 2 (Vinschgau – Ötztaler Alpen). – 1:25.000: Tabacco, Blatt 043 (Vinschgauer Oberland)

■ Die Reschner Alm befindet sich in rund 2000 Meter Höhe nordseitig über dem Reschen-Stausee im obersten Vinschgau, und zwar noch im Bereich schütterer Lärchenbestände. Das auch vom Tal aus gut sichtbare Almgebiet wird vom markanten Bergaufbau des Piz Lat überragt und bildet mit dem rund anderthalbstündigen Aufstieg ein empfehlenswertes Wanderziel auch für gemütlichere Geher.

Bei den beiden Almgebäuden, die zumindest aus der Ferne einem kleinen Paarhof ähneln, handelt es sich um die Baulichkeiten, die um 1980 unweit der längst verfallenen Hütten der früheren Reschner Alm errichtet worden sind. Eine der beiden Hütten ist die Almschenke, eine dank der freundlichen Lage und dem weiten Blick über den See und seine Bergumrahmung beliebte Gaststätte, während die andere Hütte vom Gastbetrieb unabhängig ist und ausschließlich der Almwirtschaft dient.

Diese sonnig am sogenannten Außerberg gelegene Alm ist, wie schon der Name vermuten lässt, eine Gemeinschaftsalm der Fraktion Reschen. Hier weiden in den Sommermonaten noch viele Rinder und bereichern wohltuend das Bild der Landschaft.

Unser Aufstieg von Reschen zur Alm verläuft teils durch schöne Wiesen, teils durch würzigen Bergwald. Für den Abstieg schlagen wir hingegen jenen Weg ein, der über das Marienkirchlein am Fallierteck führt, das der Legende nach ein Bauer errichtet haben soll, nachdem er zusammen mit seinen Kindern einen

Die Hütten der Reschner Alm, links die Klopaierspitze

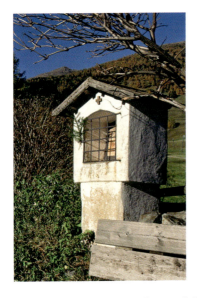

Bildstock am Weg zur Reschner Alm

Absturz in die nahe Schlucht auf wunderbare Weise überlebt hatte. So gestalten wir den Besuch der Reschner Alm zu einer hübschen Rundwanderung mit dem Besuch einer kleinen Wallfahrtsstätte.

Wegverlauf: Vom nordwestlichen Dorfrand von Reschen (1497 m) stets der Beschilderung »Reschner Alm« und der Markierung 5 folgend zunächst auf dem zum Fallierteck führenden Sträßchen westseitig durch Wiesenhänge eine knappe halbe Stunde hinauf, bis rechts der Fußweg 5 abzweigt (ca. 1650 m, Wegweiser), und nun auf diesem großteils durch Waldhänge bzw. am Rand von Wiesen teilweise in Kehren hinauf zur Reschner Alm (2020 m; Ausschank; ab Reschen 1 ½ Std.). – Empfohlener Abstieg: Von der Alm auf dem die Waldhänge querenden Fahrweg mehr oder weniger eben bis zur Kreuzung mit dem Weg 7 (ab Reschner Alm ca. ¾ Std.), auf diesem hinunter zum Falliertkirchlein (1749 m), weiterhin auf Weg 7 durch Wald hinunter zum Weiler Froi und zurück nach Reschen; ab Reschner Alm 1 ½ – 2 Std.

Von Reschen zum Ursprung der Etsch

Kurzwanderung im Scheitel des Vinschgaus

Wiesenlandschaft bei Reschen, in deren Bereich die Etsch entspringt; im Hintergrund der Endkopf

Die Wanderung im Überblick:
Reschen – Etschquelle – retour

Anreise: Durch den Vinschgau oder vom Oberinntal herauf nach Reschen

Ausgangspunkt: Reschen

Höhenunterschied: 53 m

Gesamtgehzeit: 1 – 1½ Std.

Orientierung und Schwierigkeit: Kurze, in jeder Hinsicht leichte und problemlose Wanderung

Einkehrmöglichkeiten: ja, in Reschen

Beste Jahreszeit: Frühsommer – Herbst

Wanderkarten 1:50.000: Kompass, Blatt 52 (Vinschgau); Freytag-Berndt, Blatt S 2 (Vinschgau – Ötztaler Alpen). – **1:25.000:** Tabacco, Blatt 043 (Vinschgauer Oberland)

■ Dass die Etsch, der breite Fluss, der seine Wasser an Meran und Bozen vorbei südwärts wälzt, am Reschen entspringt, weiß man zwar allgemein, aber wo genau das ist und wie die Quelle aussieht, ist wohl ungleich weniger bekannt.

Diese Quelle ist jedenfalls ein hübsches Kurzwanderziel, und vom Reschen führt ein ausgeschilderter Weg dorthin, der einen gemütlichen Spaziergang durch blühende Wiesen ermöglicht.

Unter den unzähligen Flüssen und Bächen, die in den Alpen entspringen, ist die Etsch einer der bedeutenderen und in Südtirol sogar der größte. Sie ist gut 400 Kilometer lang und mündet nicht in irgendeinen anderen Fluss, sondern ins Adriatische Meer.

Alle Vinschgauer Bäche, und unter diesen auch jene wasserreichen, die ihren Ursprung in den Gletscherregionen der Ötztaler Alpen und Ortler-Alpen haben, bringen ihr Wasser der Etsch zu, so dass diese sehr rasch größer und größer wird und im unteren Vinschgau schon zu einem breiten Fluss angewachsen ist.

Ihre recht starke Hauptquelle tritt nördlich der Ortschaft Reschen an der östlichen Talflanke im lauschigen Nadelwald zutage, wo man für das klare, wohlschmeckende Wasser eine Art Stein-

Die ersten Meter der noch ganz jungen Etsch

brunnen mit entsprechender Schrifttafel errichtet hat. Von da fließt das muntere Bächlein, also die ganz kleine Etsch, am Hang lustig bergab, durchquert moorige Wiesen und ergießt sich in den aufgestauten Reschensee, um danach, angereichert mit den Wassern aus dem Langtauferer und dem Rojental, weiter durch den Vinschgau talab zu fließen.

Im Bereich der Etschquelle laden ein paar Holzbänke zum Verweilen ein, und wenn der Weg hierher aufgrund seiner Kürze auch keine richtige Rast erfordert, so ist es doch schön, am rauschenden Quell zu sitzen und im Geist dem Lauf dieses kleinen Wassers zu folgen – bis hinab ins Meer.

Die Quellfassung der Etsch

▶ **Wegverlauf:** Vom Nordrand der Ortschaft Reschen (1497 m) stets der Beschilderung »Etschquelle« und der Markierung 2 folgend durch hügeliges Wiesengelände auf breitem Weg teils eben, teils leicht ansteigend nordwärts und zuletzt, den breiten Weg nach rechts verlassend, auf gutem Steig kurz durch Wald ostwärts leicht ansteigend zur Hauptquelle der Etsch mit den erwähnten Rastbänken (1550 m); ab Reschen ca. ½ Std. – Der Rückweg erfolgt auf dem beschriebenen Zugangsweg.

Auf den Großen Schafkopf
Leichter Hochgipfel auf der Langtauferer Sonnenseite

Der Große Schafkopf, über einem der Gschweller Seen

Die Wanderung im Überblick:
Gschwell – Gschweller Seen – Großer Schafkopf – Gschwell

Anreise: Von Graun am Reschensee ostwärts durch das Langtauferer Tal nach Gschwell

Ausgangspunkt: der Weiler Gschwell

Höhenunterschied: 1184 m

Gesamtgehzeit: ca. 7 Std.

Orientierung und Schwierigkeit:
Für ausdauernde Geher unschwierig

Einkehrmöglichkeiten:
nur im Talort

Beste Jahreszeit: Sommer – Herbst

Wanderkarten 1:50.000: Kompass, Blatt 52 (Vinschgau); Freytag-Berndt, Blatt S 2 (Vinschgau – Ötztaler Alpen). – 1:25.000: Tabacco, Blatt 043 (Vinschgauer Oberland)

■ Der 3000 Meter hohe Große Schafberg ist einer der leichtesten Hochgipfel des Vinschgaus. Um ihn zu besteigen, gehen wir vom Weiler Gschwell im Langtauferer Tal durch lichten Lärchenbestand hinauf zu flacheren Almböden mit den malerischen Gschweller Bergseen, dort queren wir auf dem Langtauferer Höhenweg bis unter den Berg und gelangen schließlich über den felsigen, aber für durchschnittlich berggewohnte Wanderer problemlosen Südwestgrat zum Gipfel.

Die genannten Seen, die man auch unter der Bezeichnung Gschweller oder Pratzner Schwemmseen kennt, sind verstreut in flache Mulden jener Trogschulter gebettet, die sich als Rest eines erdgeschichtlichen Tales durch die Langtauferer Sonnenseite hinzieht. Sie befinden sich zwar noch in der Zone des alpinen Rasens, in ihnen spiegelt sich aber das vergletscherte Hochgebirge des Ötztaler Hauptkammes wider.

Nachdem wir auf gutem Weg durch steile, schütter mit Lärchen bestandene Hänge und dann über weniger steile Grasböden den Langtauferer Höhenweg erreicht und diesem ein Stück westwärts gefolgt sind, zweigt die Gipfelmarkierung des Schafkopfes bergseitig ab.

Zuerst geht es weglos und steil, aber unschwierig ein Stück hinauf, dann weniger steil und an einem letzten Seeauge vorbei weiter

Gletscherhahnenfuß am Großen Schafkopf

zur Wölfelesscharte, wo sich ein erster Blick nach Norden und damit zu den Bergen des Oberinntals auftut.

Über den erwähnten Südwestgrat ist der Gipfel auf dem markierten Steiglein schließlich bald erreicht. Dank seiner Höhe und der freien Lage bietet er ein schier grenzenloses Panorama, und man hat Mühe, sich von dieser Aussichtswarte zu trennen.

Doch die Bilder dieser Bergwelt begleiten uns auch beim Abstieg, und sie tauchen vor unserem geistigen Auge auch dann noch immer wieder auf, wenn wir schon längst wieder irgendwo unten sind und vielleicht weit weg von den westlichen Ötztaler Alpen, die man auch die Nauderer Berge nennt.

▶ **Wegverlauf:** Vom Weiler Gschwell im mittleren Langtauferer Tal (1816 m; Parkmöglichkeit beim Gasthof Alpenfriede) auf dem teilweise in Serpentinen ansteigenden Weg 8 zuerst durch einen Lärchenbestand und dann lange über freie Hänge nordwärts mäßig bis mittelsteil empor bis zum querenden Höhenweg 4 (2643 m, hier eine alte Finanzerkaserne), auf diesem westwärts bis zu einem großen Steinmann nahe dem Gschweller See am Fuß des Südkammes des Berges (2670 m, Wegweiser), hier den Höhenweg auf markierten Steigspuren bergseitig verlassend anfangs steil hinauf ins Wölfelesjoch (2842 m) und rechts auf Steig 31 über den felsigen Grat unschwierig empor zum Gipfel (3000 m; lt. manchen Karten auch »nur« 2998 m); ab Gschwell knapp 4 Std. – Abstieg: Am sichersten wieder über die beschriebene Aufstiegsroute; ab Gipfel ca. 3 Std.

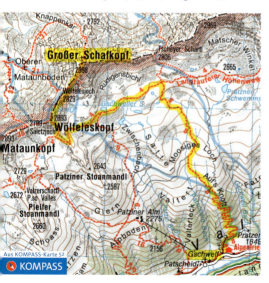

Von Melag zur Weißkugelhütte

Alm- und Hütten-Rundtour im innersten Langtauferer Tal

Die Weißkugelhütte in Langtaufers gegen die Gletscher der Ötztaler Alpen

Die Wanderung im Überblick:
Melag – Schafberg – Weißkugelhütte – Melager Alm – Melag

Anreise: Von Graun am Reschensee durch das Langtauferer Tal nach Melag

Ausgangspunkt: Melag (letzte Siedlung im Langtauferer Tal)

Höhenunterschied: 627 m

Gesamtgehzeit: 4½ – 5 Std.

Orientierung und Schwierigkeit:
Für gehgewohnte Bergwanderer leicht und problemlos

Einkehrmöglichkeiten: ja

Beste Jahreszeit:
Sommer – Frühherbst

Wanderkarten 1:50.000: Kompass, Blatt 52 (Vinschgau); Freytag-Berndt, Blatt S 2 (Vinschgau – Ötztaler Alpen) – **1:25.000:** Tabacco, Blatt 043 (Vinschgauer Oberland)

Der Weg
zur Weißkugelhütte

■ Unser Wanderziel, die Weißkugelhütte, ist nach der über 3700 Meter hohen Weißkugel benannt, dem höchsten und schönsten Gipfel im großen Bergkranz, der das innerste Langtauferer Tal umschließt.

Das über 2500 Meter hoch gelegene Schutzhaus bildet einen wichtigen Stützpunkt für die Weißkugelbesteigung wie für andere Hochtouren, und überdies bietet sie eine beeindruckende Schau auf eine von gleißenden Gletschern, riesigen Moränen und senkrechten Felsbastionen geprägte Hochgebirgswelt, während sich rund um die Hütte noch grüne, bunt blühende Grasböden ausbreiten.

Aber die 1893 von der Alpenvereinssektion Frankfurt erbaute Weißkugelhütte ist auch als Wanderziel sehr beliebt, zumal sie gleich mehrere Zugänge besitzt und diese Zugänge beliebig miteinander verbunden werden können.

Diese Möglichkeiten nutzend, schlage ich hier als Zugang jene Route vor, die auch als »Kleiner Langtauferer Höhenweg« bekannt ist. Sie steigt anfangs einige Zeit am Sonnenhang an und führt dann in landschaftlich besonders schöner und aussichtsreicher Querung durch die Hänge des Schafberges mit ihrer Hirtenhütte hoch über dem innersten Langtauferer Tal weitgehend eben dahin, bis schließlich über den letzten Teil des Normalweges das Ziel erreicht wird.

Für den Abstieg wählen wir hingegen den klassischen Hüttenweg, der ins innerste Tal absteigt und dann durch dieses, vorbei an der Melager Almschenke, in gemütlicher Wanderung zum Ausgangspunkt zurückbringt.

Die großartige Bergwelt, in der unsere Rundtour verläuft, ist in ihrer ursprünglichen Schönheit erhalten geblieben und gehört zu den eindrucksvollsten Gebieten des Vinschgaus. Und das gilt auch für das Langtauferer Tal selbst, wo die nicht weniger als 1900 Meter hoch gelegene Häusergruppe Melag den Ausgangs- und Endpunkt unserer Tour bildet.

➡️ **Wegverlauf:** Vom Weiler Melag im hintersten Langtauferer Tal (1915 m) auf Weg 1 zuerst nordseitig hinauf in Richtung Weißseejoch bis zu einem steinigen Wiesenboden mit einem Wegkreuz (2140 m; ab Melag ¾ Std.), kurz nach dem Kreuz vom Weg 1 rechts ab, nun stets auf Weg 1A (früher Nr. 3) nahezu eben zum Melagbach (Holzsteg, 2146 m), auf der anderen Seite kurz hinauf zum sogenannten Rastlegg und in ebener Hangquerung hinein zur Schafberg-Hirtenhütte in einer flachen Grasmulde (2340 m); von da zunächst kurz aufwärts, dann wieder nahezu eben die steinigen Hänge querend ostwärts bis zur Einmündung des Steiges in den vom Tal heraufkommenden Hüttenweg (Markierung 2) und nun auf diesem mäßig ansteigend zur Weißkugelhütte (2544 m; Sommerbewirtschaftung; ab Ausgangspunkt knapp 3 Std.). – Abstieg: Von der Weißkugelhütte stets auf dem Weg 2 teilweise in Serpentinen durch steile Hänge hinab zum Talbach (Karlinbach), hier über die Brücke und auf dem breiten Talweg der Markierung 5 bzw. 2/5 folgend weitgehend eben und vorbei an der Melager Alm (Ausschank) in schöner Wanderung hinaus nach Melag; ab Schutzhaus 2 Std.

Masebenalm und Tiergartenspitze

Leichte Dreitausendertour in Langtaufers

Auf den Hochweiden der Masebenalm, gegen Karlesspitze und Weißseespitze

Die Wanderung im Überblick:
Hinterkirch – Gaststätte Atlantis auf Maseben – Tiergartenspitze – retour

Anreise: Von Graun am Reschensee ostwärts durch das Langtauferer Tal nach Hinterkirch

Ausgangspunkt: Hinterkirch bzw. Gasthaus Atlantis

Höhenunterschied: 801 m

Gesamtgehzeit: ca. 4 Std.

Orientierung und Schwierigkeit:
Für gehgewohnte Bergwanderer bei gutem Wetter leicht und problemlos

Einkehrmöglichkeiten: ja

Beste Jahreszeit:
Sommer – Frühherbst

Wanderkarten 1:50.000: Kompass, Blatt 52 (Vinschgau); Freytag-Berndt, Blatt S 2 (Vinschgau – Ötztaler Alpen). – **1:25.000:** Tabacco, Blatt 043 (Vinschgauer Oberland)

■ Dies ist eine Tour, die uns auf einen markanten, aber dennoch leicht zu besteigenden Dreitausender führt. Dieser Hochgipfel, die Tiergartenspitze auf der Südseite des Langtauferer Tales, ragt als formschöne Pyramide frei auf und gehört damit zu den besonders einladenden Vinschgauer Berggipfeln.

Der Aufstieg ist nicht nur unschwierig, sondern auch nicht allzu lang. Denn von Hinterkirch im inneren Langtauferer Tal bis hinauf zur Berggaststätte Atlantis im Weidegebiet der Masebenalm führt ein Sessellift, der uns bequem bis in eine Höhe von fast 2300 Meter bringt – ein erfreulich hoch gelegener Ausgangspunkt.

Bis zum Gipfel der Tiergartenspitze bleiben uns dann nur knappe zweieinhalb Gehstunden zu bewältigen – gemessen daran, dass unser Berg immerhin fast 3070 Meter hoch ist, keine übermäßige Kraftanstrengung.

Die Tour darf sich somit jeder einigermaßen bergtüchtige Wanderer zutrauen, und dies umso mehr, als bei guter Sicht auch keine Orientierungsprobleme bestehen. Denn die Aufstiegsroute – großteils ein ausgeprägter Fußpfad – ist bis zum Gipfel markiert und führt über freies Alm- und Berggelände.

Die Aussicht, die der Gipfel dank seiner Höhe und freien Lage schenkt, umfasst auf der einen Seite zahllose Schweizer und Vorarlberger Gipfel, im Süden reihen sich die Eishäupter der Ortlergruppe

Das Gipfelkreuz auf der Tiergartenspitze, im Hintergrund die Weißkugel

Murmeltier am Weg zur Tiergartenspitze

aneinander, und in der Nähe haben wir die Langtauferer Hochgebirgswelt und damit die westlichen Ötztaler Alpen vor uns mit so bekannten Namen wie Weißkugel und Weißseespitze.

Wer nicht zu spät am Tag unterwegs ist, findet unterwegs aber sicher auch noch die Zeit, sich der Beobachtung der Bewohner dieses »Tiergartens« zu widmen, den drolligen Murmeltieren vielleicht, dem majestätischen Steinadler oder den eleganten Gämsen.

▶ **Wegverlauf:** Vom Weiler Hinterkirch im inneren Langtauferer Tal zunächst mit dem Sessellift (Talstation unweit der weithin sichtbaren Kirche etwas unterhalb der Straße) hinauf zur Berggaststätte Atlantis im Weidegebiet der Masebenalm (2267 m). Hier dem Wegweiser »Tiergarten« und der Markierung 19 folgend über steiniges Grasgelände und über einen grasbewachsenen alten Moränenwall gerade aufwärts, dann am westseitigen Grashang (hier beginnen deutlichere Steigspuren) und über Blockwerk gerade hinauf zu einer flachen Bergmulde (rechts kurzer Abstecher zum Schwarzkopf, 3002 m, lohnend) und auf dem ausgeprägten markierten Bergsteig über steiles Blockwerk empor zum Gipfel der Tiergartenspitze (3068 m); ab Sessellift 2½ Std. – Der Abstieg (ca. 1½ Std.) erfolgt über die beschriebene Aufstiegsroute.

Rund um den Haider See
Gemütliche Wanderung auf ebenen Wegen

Der Haider See, im Hintergrund der Ortler

Die Wanderung im Überblick:
St. Valentin auf der Haide –
Seeumrundung – St. Valentin

Anreise: Über die Vinschgauer Staatsstraße nach St. Valentin auf der Haide

Ausgangspunkt: St. Valentin auf der Haide

Höhenunterschied: unbedeutend

Gesamtgehzeit: 2 Std.

Orientierung und Schwierigkeit:
Leicht und problemlos; großteils freies, übersichtliches Gelände

Einkehrmöglichkeiten: ja

Beste Jahreszeit:
Frühsommer – Spätherbst

Wanderkarten 1:50.000: Kompass, Blatt 52 (Vinschgau); Freytag-Berndt, Blatt S 2 (Vinschgau – Ötztaler Alpen). – 1:25.000: Tabacco, Blatt 044 (Vinschgau – Sesvenna)

Haubentaucher auf dem Haider See

■ Bei der Umrundung des Haider Sees handelt es sich zwar um eine ausgesprochene Talwanderung, aber der See liegt in einer Höhenlage von immerhin fast 1500 Meter und bietet vor allem nach Süden eine freie Aussicht über die Malser Haide und das Glurnser Becken hinweg zu den Ortlerbergen, wobei der 3905 Meter hohe Ortler selbst mit seinem mächtigen Gletscherhaupt fast unwirklich über dem Seespiegel aufragt; zugleich wandert man in der Sohle jenes lang gezogenen Passtales, das den Vinschgau mit dem Inntal verbindet und von markanten Bergen gesäumt wird.

In diesem Passtal gab es einst gleich drei schöne Naturseen. Doch um 1950 wurden die beiden nördlichen, der Mitter- und der Obersee, zum heutigen Reschensee aufgestaut, so dass nur noch der Haider See, früher auch Untersee genannt, in seinem ursprünglichen Zustand erhalten geblieben ist.

Auch das an seinem Ufer gelegene Dorf St. Valentin auf der Haide, das seinen Ursprung und Namen einem 1140 gegründeten und unlängst erneuerten Hospiz verdankt, blieb von der Aufstauung unberührt, während Graun und Reschen davon schwer in Mitleidenschaft gezogen worden sind.

Der nach der erwähnten Malser Haide benannte See gehört mit einer Länge von rund 2350 Meter und einer Breite von 650 Meter zusammen mit dem Kalterer See zu den größten Südtiroler Seen, darüber hinaus mit seiner zu einem guten Teil aus grünen Wiesen bestehenden Umgebung auch zu den freundlichsten.

Ausgehend vom genannten Dorf St. Valentin lässt sich das blaue Gewässer gut in Form einer gemütlichen Wanderung umrunden, wobei man auf der Ostseite einem schönen breiten Wanderweg folgt, unweit der sogenannten Fischerhäuser auf einem langen Wandersteg das im Mündungsbereich befindliche Schilfgebiet durchquert und nach Überquerung des Ausflusses auf der Westseite teils einem geteerten Sträßchen, teils einem Wanderweg folgend durch Wald und Wiesen in Ufernähe wieder zum Ausgangspunkt zurückkehrt.

▶ **Wegverlauf:** Von St. Valentin auf der Haide (1470 m) stets auf dem breiten, großteils weit abseits der Straße verlaufenden, gut ausgeschilderten und somit nicht zu verfehlenden, mit Sitzbänken ausgestatteten Wanderweg (Markierung 1) unmittelbar am Ostufer des Sees südwärts, auf einem langen Wandersteg durch das Schilfgebiet im Ausflussbereich des Sees hinüber auf die Westseite und zunächst auf dem geteerten Fahrweg, später auf einem von diesem abzweigenden Fußweg (stets Markierung 1) am Westufer des Sees durch Wald und Wiesen nordwärts zurück nach St. Valentin.

Auf die Seebödenspitze

Von St. Valentin über die Haider Alm zum Gipfel

Die Seebödenspitze, vom Aufstiegsweg aus

Die Wanderung im Überblick:
St. Valentin auf der Haide – Haider Alm – Seebödenspitze – Drei Seen – Haider Alm – Ausgangspunkt

Anreise: Durch den Vinschgau nach St. Valentin auf der Haide

Ausgangspunkt: St. Valentin auf der Haide

Höhenunterschied: 739 m

Gesamtgehzeit: ca. 4 Std.

Orientierung und Schwierigkeit: Für gehgewohnte Bergwanderer leicht und problemlos

Einkehrmöglichkeiten: ja

Beste Jahreszeit:
Sommer – Frühherbst

Wanderkarten 1:50.000:
Kompass, Blatt 52 (Vinschgau); Freytag-Berndt, Blatt S 2 (Vinschgau – Ötztaler Alpen). – 1:25.000: Tabacco, Blatt 044 (Vinschgau – Sesvenna)

■ Unser Tourenziel, die Seebödenspitze, erhebt sich westseitig über dem Haider See im oberen Vinschgau. Der Berg erfreut sich besonderer Beliebtheit, weil man, um ihn zu besteigen, nicht im Tal losmarschieren muss, sondern von St. Valentin auf der Haide mit der Umlaufbahn mühelos bis hinauf zur Haider Alm und damit bis in eine Höhe von gut 2100 Meter schweben kann.

Was dann noch bleibt, ist ein gut zweistündiger, teilweise etwas steiler, aber absolut unschwieriger Aufstieg auf markiertem Steig über freie, großteils grüne Hänge.

Haben wir das weithin sichtbare Gipfelkreuz erreicht, überblicken wir so gut wie die gesamte Bergwelt, die das oberste Inntal und den oberen Vinschgau umrahmt: die Münstertaler Alpen, die westlichen Ötztaler Alpen und die Ortlergruppe.

Beim Abstieg folgen wir nicht zur Gänze dem Aufstiegsweg, sondern schlagen den hübschen Umweg über die sogenannten »Drei Seen« ein. Das sind zwar nur sehr kleine Wasseransammlungen, aber der Steig führt uns durch eine idyllische, völlig unberührte Berglandschaft, und es ist schön, am Ufer eines der Seelein Rast zu halten und über das Wasser zu schauen, in dem sich der Himmel und die Wolken widerspiegeln.

Wie man angesichts der geringen Größe der drei Seeaugen wohl bereits vermutet, haben nicht sie unserem Gipfel

Einer der kleinen Drei Seen mit Blick zu den Ötztaler Alpen

Wollgras wächst am Rand kleiner Wasserflächen

den Namen gegeben. Denn die Seeböden, die bei der Namengebung Pate gestanden sind, liegen auf der rückwärtigen, gegen Rojen abfallenden Seite des Berges. An ihnen kommen wir zwar nicht vorbei, aber wir blicken immerhin auf sie hinunter.

So ist unsere Tour bis zu einem gewissen Grad auch eine Seenwanderung, im Vordergrund steht aber doch die Gipfeltour und die damit verbundene Freude, die sich einstellt, wenn das Kreuz am höchsten Punkt und am Ende des Aufstiegs erreicht.

Am Gipfel der Seebödenspitze

Wegverlauf: Von St. Valentin auf der Haide (1470 m) zunächst westseitig mit der Umlaufbahn hinauf zur Haider Alm (2120 m, Gaststätte). Von dort auf Steig 10 über die großteils mit Gras und Zwergsträuchern bewachsenen und nur im obersten Teil felsiger werdenden Hänge westwärts meist ziemlich steil, aber absolut unschwierig und ohne jedwelche Orientierungsprobleme hinauf zum Gipfelkreuz (2859 m); ab Haider Alm gut 2 Std. – Abstieg: Vom Gipfel über die Aufstiegsroute wieder hinunter bis zu

Wegteilung (ca. 2600 m), hier links ab, dem Wegweiser »Drei Seen« folgend auf Steig 10 A hinunter zu drei kleinen Seeaugen (ca. 2500 m), dann auf dem Steig teils eben, teils absteigend nordwärts zum Steig 9, auf diesem rechts kurz hinunter zum Weg 14 und auf diesem nochmals rechts abbiegend und bald mäßig absteigend zurück zur Haider Alm; ab Gipfel knapp 2 Std.

Auf das Großhorn

Lohnender Berggipfel östlich über St. Valentin

Das Großhorn östlich von St. Valentin auf der Haide

Die Wanderung im Überblick:
St. Valentin auf der Haide – Großhorn – retour

Anreise: Durch den Vinschgau nach St. Valentin auf der Haide

Ausgangspunkt: St. Valentin auf der Haide

Höhenunterschied: 1160 m

Gesamtgehzeit: ca. 5 Std.

Einkehrmöglichkeiten: nur im Talort

Beste Jahreszeit: Sommer

Orientierung und Schwierigkeit: Für gehgewohnte Bergwanderer leicht und problemlos, großteils aber steil

Wanderkarten 1:50.000: Kompass, Blatt 52 (Vinschgau); Freytag- Berndt Blatt S 2 (Vinschgau – Ötztaler Alpen). – **1:25.000:** Tabacco, Blatt 044 (Vinschgau – Sesvenna)

■ Das Großhorn befindet sich östlich über dem Haider See und dem Dorf St. Valentin auf der Haide, doch versteckt es sich etwas hinter einem vorgelagerten Waldrücken.

Wenn man aber von St. Valentin ein Stück nord- oder südwärts spaziert, dann zeigt sich der 2630 Meter hohe Berg als ausgeprägter Gipfel, der sich von den Nachbarbergen markant absetzt.

Hinzu kommt, dass das Großhorn den Hauptgipfel eines kleinen Bergmassivs bildet, das zwischen dem Vivanatal im Norden und dem Plawenntal im Süden aufragt. Die Gruppe besteht einerseits aus drei Waldkämmen, von denen einer, der Schlossberg, noch Burgreste trägt, und andererseits zieht vom Großhorn ein scharfer Berggrat nordwärts und trägt dort den Schusterkofel und das Pleisköpfl, an dessen Hängen einst nach Erzen geschürft wurde.

Nach der von den alpinen Vereinen erarbeiteten Einteilung der Alpen gehört das Großhorn zu den Planeiler Bergen und mit diesen wiederum zu den Ötztaler Alpen; oder genauer gesagt: Unser Gipfel ist einer der westlichsten Berge der besagten Ötztaler Alpen.

Aufgrund dieser Lage bietet er sowohl schöne Tiefblicke auf den obersten Vinschgau mit dem riesigen Schwemmkegel der Malser

Das Gipfelkreuz
auf dem Großhorn
gegen Matscher
und Laaser Berge

Haide, der als größter Murkegel der gesamten Alpen berühmt ist, und auf die Seenplatte im Passtal des Reschens, die heute aus dem natürlichen Haider See und dem um 1950 an der Stelle zweier früherer Naturseen aufgestauten Reschensee besteht.

Darüber hinaus umfasst die Aussicht aber auch die prachtvolle Hochgebirgswelt der Sesvennagruppe im Westen und die noch großartigeren Gipfel der Ortlergruppe im Süden.

Dies alles erklärt die Beliebtheit des Großhorns als Tourenziel, zumal der Aufstieg dank der relativ hohen Lage des Ausgangspunktes keine überdurchschnittliche Leistung erfordert, auch wenn gesagt werden muss, dass die Route großteils doch ziemlich steil und der Pfad nur schmal ist.

Wegverlauf: Im Nordteil von St. Valentin auf der Haide (1470 m) stets der Beschilderung »Großhorn« und der Markierung 6 folgend zuerst zwischen den Häusern und dann großteils durch Lärchenbestände mäßig ansteigend ostwärts zum eigentlichen Bergfuß (Wegteilung mit Wegweisern), hier rechts abdrehend und weiterhin auf dem Steig 6 in zahlreichen Serpentinen durch den sehr steilen Wald am Bergrücken hinauf zum »Bergl« (2176 m) und weiterhin, den Wald hinter sich lassend, auf dem Steig 6 über den freien Gratrücken zunächst mäßig, dann stärker ansteigend empor zum Gipfel des Großhorns (2630 m; ab Ausgangspunkt 3 Std.). Der Abstieg erfolgt am besten auf dem beschriebenen Anstiegsweg in 2 Std.

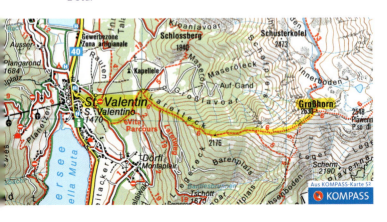

Schliniger Almen und Sesvennahütte

Gemütliche Wanderung im inneren Schlinigtal

9

Die Sesvennahütte im Schlinigtal

Die Wanderung im Überblick:
Schlinig – Schliniger Almen – Sesvennahütte – retour

Anreise: Von Burgeis im Vinschgau durch das Schlinigtal nach Schlinig

Ausgangspunkt: Schlinig (Parkplätze vor dem Dorfeingang)

Höhenunterschied: 530 m

Gesamtgehzeit: ca. 3½ Std.

Einkehrmöglichkeiten: ja

Beste Jahreszeit:
Sommer – Frühherbst

Orientierung und Schwierigkeit:
Für gehgewohnte Wanderer leicht und problemlos; nur im mittleren Teil steil, großteils breite Wanderwege

Wanderkarten 1:50.000:
Kompass, Blatt 52 (Vinschgau); Freytag-Berndt, Blatt S 2 (Vinschgau – Ötztaler Alpen). – 1:25.000: Tabacco, Blatt 044 (Vinschgau – Sesvenna)

■ Ausgangsort für diese Wanderung ist Schlinig, das malerische Bergdörfchen im gleichnamigen, bei Burgeis im Obervinschgau westseitig abzweigenden Tal.

Zunächst bringt uns ein breiter ebener Wanderweg hinein zu den Schliniger Almen. Ausgedehnte, weitgehend flache Wiesen breiten sich hier aus, und die äußere Alm präsentiert sich nicht nur als Alm, sondern auch als Einkehrstätte.

Nach den Schliniger Almen beginnt der Weg allmählich stärker anzusteigen, aber er bleibt breit und gut begehbar, auch wenn die Steigung dort, wo er die Schwarze Wand mit ihrem sprühenden Wasserfall umgeht, wohl als beträchtlich genannt werden muss.

Die Schliniger Almen am Weg zur Sesvennahütte

Doch plötzlich liegt die Steigung hinter uns, und vor uns breitet sich das Reich der Sesvennahütte mit seinem vom rauschenden Bach durchflossenen, zum Schlinigpass flach hinziehenden Tälchen, den gewellten Almböden und den beiderseits steil ansteigenden Bergflanken.

Hier steht noch die alte Pforzheimer Hütte, die 1901 von der gleichnamigen Alpenvereinssektion erbaut worden war, aber nach dem Ersten Weltkrieg ihre Funktion als Schutzhütte einbüßte.

Jedoch steht unweit davon das voll bewirtschaftete und viel besuchte, erst 1981 eröffnete Haus des Südtiroler Alpenvereins – ein wichtiger Stützpunkt für die Besteigung der umliegenden Hochgipfel und zugleich ein beliebtes Wanderziel inmitten einer unberührten Bergwelt.

Gehfreudigere Wanderer könnten von da aus zum Furkelsee, zu einem der umliegenden Gipfel oder gar zum vergletscherten Piz Sesvenna ansteigen. Weniger Gehfreudige begnügen sich vielleicht mit einem Spaziergang hinüber zum Schliniger Pass und einem Blick hinein in die Schweiz, oder aber man widmet sich der Beobachtung der Murmeltiere, Steinböcke und Gämsen. Das Gebiet bietet jedenfalls unzählige Möglichkeiten, den Berg und seine Natur zu erleben.

Wegverlauf: In Schlinig (1738 m, Parkplätze am Dorfeingang) hinein zu den letzten Häusern, dann auf breitem Forstweg links über den Bach und schattseitig in schöner Wanderung, zuletzt den Bach noch einmal überquerend und kurz die geteerte Zufahrt verfolgend (ab nun Markierung 1), talein zur Äußeren Schliniger Alm (Jausenstation Alp Planbell; 1868 m). Weiterhin auf dem nicht zu verfehlenden Weg (mit Markierung 1) kurz talein zur Inneren Schliniger Alm, dann allmählich stärker ansteigend und die Schwarze Wand mit dem Wasserfall rechts umgehend in Serpentinen empor und schließlich im flachen Passtal teils eben, teils leicht ansteigend hinein zur alten Pforzheimer Hütte und zur Sesvennahütte (2256 m, Sommerbewirtschaftung; ab Schlinig knapp 2 Std.). – Der Rückweg erfolgt bis zur Äußeren Schliniger Alm über die beschriebene Aufstiegsroute, bald darauf kann dem zwar geteerten, landschaftlich aber lohnenden und mit Kreuzwegstationen versehenen Sträßchen gefolgt werden (Markierung 1), sofern man nicht wieder den im Aufstieg benützten schattseitigen Forstweg vorzieht; Gehzeit in beiden Fällen ca. 1½ Std.

Von Mals zum Tartscher Bühel
Auf alten Waalwegen zum berühmten Kirchhügel

Das mehrtürmige Mals am Beginn unserer Wanderung

Die Wanderung im Überblick:
Mals – Unterwaalsteig – Tartsch – Tartscher Bühel – Mitterwaalsteig – Malser Naturpark – Mals

Anreise: Durch den Vinschgau nach Mals

Ausgangspunkt: Mals

Höhenunterschied: ca. 70 m

Gesamtgehzeit: ca. 2 Std.

Orientierung und Schwierigkeit: In jeder Hinsicht leicht und problemlos

Einkehrmöglichkeiten: ja

Beste Jahreszeit: Frühling – Spätherbst

Wanderkarten 1:50.000: Kompass, Blatt 52 (Vinschgau); Freytag-Berndt, Blatt S 2 (Vinschgau – Ötztaler Alpen). – **1:25.000:** Tabacco, Blatt 044 (Vinschgau – Sesvenna)

■ Von der mehrtürmigen, auf dem sonnigen Schwemmkegel der Malser Haide hingebreiteten Ortschaft Mals spazieren wir über den hübschen Unterwaalsteig zuerst am oberen Rand des Dorfes und dann durch offene Wiesen nach Tartsch, einem kleinen, aber malerischen Dorf mit freskengeschmückter Kirche.

Ein breiter Weg, an dem sich linker Hand ein Schalenstein befindet, führt uns sodann durch einen lichten Lärchenhain hinauf auf den mächtigen, größtenteils baumfreien Tartscher Bühel, wo die romanische, von einer Ringmauer umfriedete St.-Veit-Kirche mit ihrem stattlichen Langhaus und dem auffallend schlanken Turm das Bild bestimmt.

Auf dem von magerem Naturrasen, verstreuten Felspartien, zahlreichen Mulden und spärlichen Mauerresten geprägten Hügel wurden viele vorgeschichtliche Funde getätigt, die auf einstige Wohnstätten und eine religiöse Kultstätte schließen lassen. Die Erinnerung daran lebt möglicherweise in der bekannten Sage fort, die von einer untergegangenen Stadt spricht.

Nach dem Besuch des Tartscher Bühels bietet sich für die Rückkehr der etwas höher verlaufende Mitterwaalweg besonders an – er ist Teil des sogenannten Sonnensteiges –, über den wir nach kurzem Aufstieg schöne Wiesen- und Waldhänge durchqueren und schließlich den Malser Naturpark betreten.

Die romanische
Kirche St. Veit auf dem
Tartscher Bühel

In dieser schönen, aus verschiedensten Nadelgehölzen, Laubbäumen und Sträuchern bestehenden Anlage, zu der hübsche Spazierwege, ein Teich und ein Kinderspielplatz gehören, erinnert ein Denkmal an den Malser Arzt Heinrich Flora, der um 1880 den Park anlegen ließ.

Im Zentrum von Mals angelangt, lässt schon der schöne Ansitz Liechtenegg erahnen, dass sich ein Rundgang lohnen könnte; und tatsächlich bietet Mals mit seinen Kirchen und Adelssitzen, dem imposanten runden Fröhlichsturm, in dem wir den Bergfried einer Burg aus dem 13. Jahrhundert vor uns haben, sowie den karolingischen Wandmalereien in der St.-Benedikt-Kirche eine Reihe beeindruckender Kulturdenkmäler.

▶ **Wegverlauf:** Vom Hauptplatz in Mals (1050 m) durch die Parkgasse (an ihrem Beginn verschiedene Wegweiser) hinauf zum Dorfrand, dann rechts der Beschilderung »Unterer Waalsteig« folgend zuerst noch im Bereich der Häuser und dann durch freies Wiesengelände in ebener bis ganz leicht absteigender Wanderung südostwärts zum Dorf Tartsch (1029 m) und auf dem nahe der Kirche beginnenden Weg durch einen Lärchenbestand hinauf auf den Tartscher Bühel mit der romanischen St.-Veit-Kirche (1076 m; ab Mals knapp 1 Std.). Dann zurück nach Tartsch, auf Weg 18 durch die Wiesenhänge nordostwärts hinauf bis zur Kreuzung mit dem »Sonnensteig« (ca. 1100 m), nun auf diesem dem Mitterwaal folgend und die teils freien, teils bewaldeten Hänge querend (Markierung 17) weitgehend eben westwärts zum Malser Naturpark und auf dem dortigen Spazierweg hinunter zum Ausgangspunkt; ab Tartsch knapp 1½ Std.

Glurnser Alm und Glurnser Köpfl

Bergwanderung über dem mittelalterlichen Städtchen

Das Kreuz auf dem Glurnser Köpfl gegen die Laaser Berge

Die Wanderung im Überblick:
Glurns – St. Martin – Glurnser Alm – Glurnser Köpfl – retour

Anreise: Durch den Vinschgau nach Schluderns und dort abzweigend nach Glurns

Ausgangspunkt: Glurns

Höhenunterschied: 1494 m

Gesamtgehzeit: ca. 7 Std.

Orientierung und Schwierigkeit:
Leichte, aber lange und daher Ausdauer erfordernde Gipfelwanderung; ist durch Befahrung des Sträßchens zum Martinskirchlein um knapp 1 Std. abkürzbar.

Einkehrmöglichkeiten:
ja, am Ausgangsort

Beste Jahreszeit:
Sommer – Frühherbst

Wanderkarten 1:50.000:
Kompass, Blatt 52 (Vinschgau); Freytag-Berndt, Blatt S 2 (Vinschgau – Ötztaler Alpen). – **1:25.000:** Tabacco, Blatt 044 (Vinschgau – Sesvenna)

■ Der Talort für diese Tour ist Glurns, ein zauberhaftes mittelalterliches Vinschgauer Städtchen mit noch zur Gänze erhaltener Ringmauer und viel sorgsam gepflegter historischer Bausubstanz.

Unsere Wanderung führt von Glurns an der etwas oberhalb der Stadtmauern stehenden, weithin sichtbaren Pfarrkirche vorbei und dann durch Wiesen und Felder über einen ausgedehnten Schwemmkegel hinauf zum einsamen Kirchlein St. Martin.

Kleiner Almsee am Glurnser Köpfl; im Hintergrund Cevedale, Königsspitze und Ortler (v. l. n. r.)

Mussten wir uns bis hierher mit einem geteerten Flursträßchen abfinden, so können wir ab nun wählen zwischen dem steileren, aber kürzeren Fußweg und dem weniger steilen, aber bedeutend längeren Güterweg. Jedenfalls geht es durch Fichten- und Lärchenwälder hinauf zur Glurnser Alm.

Die Grashänge, an deren Rand die Almhütte steht, sind zwar steil, aber die Lage ist überaus schön, sie bietet eine weite Aussicht, und hier legen wir wohl auch Rast ein, um dann mit neuer Kraft den Aufstieg zum Glurnser Köpfl anzugehen.

Der Pfad, der uns zu dem etwas unterhalb des höchsten Punktes stehenden Gipfelkreuz führt, ist im oberen Teil zwar etwas anstrengend, aber er ist gut markiert und nicht zu verfehlen; und das Ziel lohnt die Mühe, denn die Aussicht übertrifft jene unten auf der Alm genossene um ein Mehrfaches. Zum Tiefblick auf den Vinschgau und zum Blick hinüber zu den Ötztaler Alpen gesellt sich nämlich jetzt die prachtvolle Schau, mit der die Münstertaler Hochgipfel und ganz besonders die Ortlergruppe aufwarten.

Und wer für den Abstieg anstelle des steilen Gipfelpfades die gemütliche Alternative über die Grashänge des Lackbodens wählt, den zieht gewiss der dortige kleine Almsee mit dem Spiegelbild des Ortlers ganz besonders in seinen Bann.

▶ **Wegverlauf:** Von Glurns (908 m) durch das südseitige Stadttor (Münstertor) hinaus und dann, an der Pfarrkirche vorbei, auf geteertem Flurweg südwärts durch Wiesen in knapp ½ Std. hinauf zum Kirchlein St. Martin (1075 m; hierher bzw. zu einer etwas höher befindlichen Parkmöglichkeit auch mit dem eigenen Fahrzeug möglich) und dann stets der Beschilderung »Glurnser Alm« folgend zuerst kurz auf dem breiten Forstweg und dann auf dem mittelsteilen Fußweg (Markierung 24) durch den Wald hinauf zur Glurnser Alm (1978 m; ab St. Martin 2 ½ Std.). Von da der Beschilderung »Glurnser Köpfl« und der guten Markierung 24 folgend auf dem Fußsteig am Hang weiter hinauf zum Ostgrat des Berges und am steilen Gratrücken weiterhin auf dem markierten Steig empor zum Kreuz und zum nahen höchsten Punkt des Glurnser Köpfls (2402 m); ab Alm 1 Std. – Abstieg: Wenn man es eilig hat, zur Gänze über den Aufstiegsweg (ca. 3 Std.), aber empfehlenswerter ist im obersten Bereich folgende kleine Variante: Vom Gipfel über Grasgelände weglos hinab zum Lackboden mit dem dortigen kleinen Almsee und dann links auf einem markierten Steig zum Ostgrat und damit zur Aufstiegsroute.

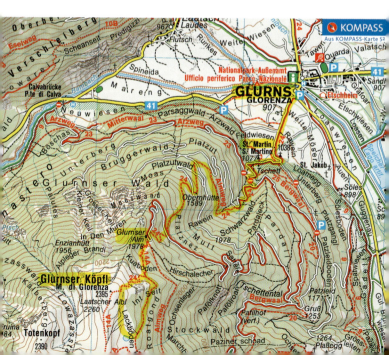

Auf den Tellakopf

Gipfelwanderung bei Taufers im Münstertal

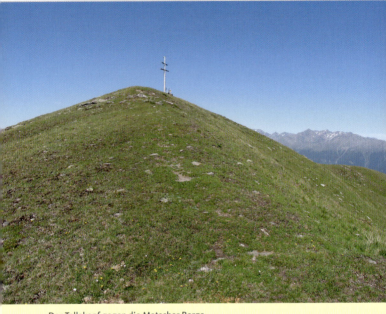

Der Tellakopf gegen die Matscher Berge

Die Wanderung im Überblick:
Taufers im Münstertal – Tellahöfe – Tellaalm – Tellakopf – retour

Anreise: Von Schluderns bzw. Glurns durch das Münstertal bis Taufers

Ausgangspunkt:
Taufers im Münstertal

Höhenunterschied: ab Taufers 1287 m, ab Egghof 804 m

Gesamtgehzeit: ab Taufers hin und zurück 7 Std., ab Egghof 4 Std.

Orientierung und Schwierigkeit:
Für gehgewohnte Bergwanderer leicht und problemlos; bezüglich der Parkmöglichkeit unweit des Egghofes in Taufers Erkundigung einholen!

Einkehrmöglichkeiten: nur im Talort

Beste Jahreszeit:
Sommer – Frühherbst

Wanderkarten 1:50.000: Kompass, Blatt 52 (Vinschgau); Freytag-Berndt, Blatt S 2 (Vinschgau – Ötztaler Alpen). – 1:25.000: Tabacco, Blatt 044 (Vinschgau – Sesvenna)

■ Ausgangspunkt für diese Tour ist das stattliche und sonnige Dorf Taufers, das in dem bei Glurns vom Vinschgauer Haupttal westseitig abzweigenden Münstertal liegt.

Unser Ziel, der 2525 m hohe, auf markiertem Steig leicht ersteigbare Tellakopf, erhebt sich gerade nördlich über Taufers. Er ist nicht nur irgendein Kopf, sondern ein schöner, ziemlich ausgeprägter, durch das Tellajoch vom übrigen Gratverlauf deutlich abgesetzter Gipfel, auf dem ein Wetterkreuz steht. Außerdem handelt es sich um die östlichste bedeutendere Erhebung im Kamm, der das Münstertal auf der Nordseite begrenzt.

Aufgrund der freien, weit gegen die große Vinschgauer Weitung der Malser Haide vorgeschobenen Lage handelt es sich um eine hervorragende Aussichtswarte. In ihrem Blickfeld liegen die vergletscherten Hochgipfel sowohl der Ortlergruppe im Süden als auch der Ötztaler Alpen im Osten. In geringerer Entfernung umgeben uns die Münstertaler Alpen, und südseitig tief unten liegt das Münstertal, über dem der Piz Chavalatsch und der eisgepanzerte Ortler aufragen.

Zwischen dem Talort Taufers und der Spitze besteht der nicht gerade geringe Höhenunterschied von 1300 Meter. Wer will, kann bis in die Nähe des Egghofes in gut 1700 Meter Höhe mit dem fahr-

Weidevieh am Weg zum Tellakopf

baren Untersatz gelangen, doch guten Gehern ist zu empfehlen, auch den unteren Teil des Aufstiegs zu Fuß zu bewältigen. Denn so lernt man auch den Weiler Tella mit seinen Einzelhöfen näher kennen, und man kommt an der Burgruine Rotund vorbei, der oberen der beiden Burgen, die über Taufers ihre Rundtürme in die Höhe recken.

Für welchen Ausgangspunkt man sich aber auch entscheidet, die Tour auf den Tellakopf ist für gehgewohnte Bergwanderer in jedem Fall lohnend, und für manche führt sie vielleicht auch in ein wenig bekanntes, weil seltener besuchtes Gebiet.

➡ **Wegverlauf:** Von Taufers im Münstertal (1240 m) stets der guten Markierung 6 und der Beschilderung »Tellaalm/Tellakopf« folgend teils auf der Höfestraße, teils abseits davon und vorbei an der Ruine Rotund durch Lärchenwald und Wiesen hinauf zum Egghof (1723 m; 1 ½ Std.; hierher auch mit dem Auto möglich, begrenzte Parkmöglichkeit); nun mit gleicher Markierung und Beschilderung auf ungeteertem Güterweg zur Kapelle und Ruine des einstigen Sammhofes (1807 m), größtenteils durch Lärchenwald in Kehren hinauf zur Tellaalm (2098 m, nur landwirtschaftlich bewirtschaftet), von da auf weiterhin mit Nr. 6 markiertem Fußsteig durch Lärchenwald und freie Grashänge mittelsteil hinauf zum flachen Tellajoch (2358 m) und rechts auf Steig 6 über den großteils begrasten Gratrücken mittelsteil hinauf zum Gipfel des Tellakopfes (2527 m; ab Taufers knapp 4 Std., ab Egghof knapp 2 ½ Std.). – Abstieg wie Aufstieg.

Ins einsame Upital
Alm- und Seewanderung im Matscher Tal

Der Upisee im Matscher Tal

Die Wanderung im Überblick:
Glieshof – Upialm – Upisee – retour

Anreise: Von Tartsch im Vinschgau durch das Matscher Tal bis zum Talschluss (Nähe Glieshof)

Ausgangspunkt: Parkplatz Glieshof

Höhenunterschied: 745 m

Gesamtgehzeit: ca. 4 Std.

Orientierung und Schwierigkeit: In jeder Hinsicht leicht und problemlos

Einkehrmöglichkeiten: ja

Beste Jahreszeit:
Sommer – Herbst

Wanderkarten 1:50.000:
Kompass, Blatt 52 (Vinschgau); Freytag-Berndt, Blatt S 2 (Vinschgau – Ötztaler Alpen). – **1:25.000:** Tabacco, Blatt 043 (Vinschgauer Oberland)

Die Upialm am Weg zum gleichnamigen See

■ Dort, wo sich die Wiesen des Inneren Glieshofes mit dem zugehörigen Gastbetrieb ausbreiten, mündet das kleine Upital von Osten her in das innere Matscher Haupttal.

Ein breiter, teilweise von Holzzäunen gesäumter Weg führt zunächst am Rand der Wiesen und dann durch Lärchenwald hinauf zu einem Wetterkreuz, und schon nach kurzer Strecke mäßig ansteigenden Weges erreichen wir die von ausgedehnten Grashängen umgebenen Hütten der Upialm. Hier wird eine stattliche Anzahl an Milchkühen gehalten und schmackhafter Almkäse erzeugt.

Der seltsame Name Upi wird zwar 1543 urkundlich so erwähnt und nach wie vor auch so gesprochen, im Schrifttum kommt er aber auch als Upia, Opi und Oppia vor. Der Name besitzt offenbar ein sehr hohes, sogar in prähistorische Zeit zurückreichendes Alter. Die Ortsnamenforschung sieht in ihm nämlich ein indogermanisches Wort, das so viel wie »Bach« bedeutet. Demnach hätte sich der Name vom Bach im Lauf der Zeit über das ganze Gebiet ausgebreitet.

Nach diesem kurzen Blick in die Ortsnamenkunde steigen wir weiter bergan. Zuerst über Weidehänge hinauf, dann neben einem munter talwärts rauschenden Bach durch eine felsige Enge, und schließlich liegt der Upisee vor uns, unser Wanderziel.

Der See ist ein stattliches Gewässer mit starkem Zufluss und ebensolchem Abfluss inmitten ausgedehnter Bergweiden zu Füßen gleich mehrerer Dreitausender, die rundherum in den Himmel ragen. Das Gebiet wird auch »Auf den Lacken« genannt, denn höher oben befinden sich drei weitere, allerdings nur sehr kleine Wasseransammlungen.

Die ganze Gegend ist sehr naturbelassen. Steinadler und Murmeltier haben hier ihr ungestörtes Reich, Bergrasen, Felspartien und große Blockhänge bestimmen das Landschaftsbild – alles in allem so recht ein Platz für Freunde einer vom Menschen unberührt gebliebenen Bergwelt.

➡️ **Wegverlauf:**

Vom Parkplatz unterhalb des Almhotels Glieshof (1807 m) zunächst am genannten Hotel vorbei, dann stets auf dem breiten Weg 9 teils durch Wald, teils durch Almgelände mäßig ansteigend hinauf zur Upialm (2225 m, gut 1 Std.), auf Steig 9 teilweise etwas steil weiter und zuletzt wieder nur leicht ansteigend zum See (2552 m); ab Ausgangspunkt knapp 2½ Std. – Abstieg: Über den beschriebenen Aufstiegsweg (1½ Std.).

Zur Oberetteshütte

Wanderung ins innerste Matscher Tal

Die Oberetteshütte in Matsch gegen Remsspitze und Ortlergruppe

Die Wanderung im Überblick:
Glieshof/Matsch – Matscher Almen – Oberetteshütte – retour

Anreise: In der Nähe von Tartsch von der Vinschgauer Staatsstraße abzweigend über die breite Matscher Straße hinauf und hinein zum Dorf Matsch und auf der nun schmalen, aber geteerten Straße durch das Tal hinein bis in die Nähe des Hotels Glieshof (innerer Glieshof)

Ausgangspunkt: Parkplatz unterhalb des Hotels Glieshof

Höhenunterschied: 870 m

Gesamtgehzeit: ca. 4 – 5 Std.

Orientierung und Schwierigkeit: Für gehgewohnte Wanderer leicht und problemlos

Einkehrmöglichkeiten: ja

Beste Jahreszeit: Sommer – Frühherbst

Wanderkarten 1:50.000:
Kompass, Blatt 52 (Vinschgau); Freytag-Berndt, Blatt S 2 (Vinschgau – Ötztaler Alpen). – **1:25.000:** Tabacco, Blatt 043 (Vinschgauer Oberland)

■ Die Bergwelt des inneren Matscher Tales gilt als eines der unberührtesten und schönsten Gebiete des Vinschgaus. Sie hat offenbar schon früh die Pioniere der alpinen Erschließung in ihren Bann gezogen, denn bereits 1883 errichtete eine Abteilung der damaligen Alpenvereinssektion Prag hoch über dem innersten Tal die Karlsbader Hütte, die später nach einem großzügigen Gönner in Franz-Höller-Hütte umbenannt wurde.

Diese Hütte wurde in den ersten drei Jahrzehnten ihres Daseins stark besucht und wegen ihrer reichen Ausstattung viel gelobt, aber die beiden Weltkriege und die Zwischenkriegsjahre waren ihrem Fortbestand wenig förderlich, und 1945 wurde sie schließlich ein Raub der Flammen.

Doch 1988 erbaute die Alpenvereinssektion Vinschgau an ihrer Stelle die heutige Oberetteshütte und benannte sie nach der Örtlichkeit, auf der sie steht.

Dabei handelt es sich um ein stattliches, sonnig gelegenes Bergsteigerhaus inmitten einer unberührten Bergwelt. Die Aussicht umfasst die umliegenden Dreitausender und schweift talaus bis zur Ortlergruppe.

Das weithin sichtbare Schutzhaus ist ein lohnendes Wanderziel und ein wichtiger Stützpunkt für die Besteigung der über 3700 Meter hohen Weißkugel, die zu Recht als einer der prächtigsten Hoch-

Der Weg zur Oberetteshütte im inneren Matscher Tal

gipfel der Ötztaler Alpen gilt. Auch die Überschreitung des Matscher Bildstöckljochs mit dem Abstieg ins Schnalser Tal wird gelegentlich durchgeführt, und eine besonders schöne Abstiegsalternative für tüchtige Geher bietet die hochalpine Tour über die Saldurseen.

Zum Erlebnis Oberetteshütte gehört aber auch der schöne Zugangsweg, der, vorbei an der Gastschenke der äußeren Matscher Alm, längere Zeit neben dem rauschenden Bach talein führt, bevor er die letzten uralten Lärchen und von Wind und Wetter gezeichneten Zirben verlässt und durch baumfreie Hänge zur Hütte ansteigt.

➡ **Wegverlauf:** Vom Parkplatz unterhalb des Almhotels Innerer Glieshof im inneren Matscher Tal (1807 m) auf der Straßenbrücke über den Talbach, dann stets der Beschilderung »Oberetteshütte« folgend auf dem breiten Weg 2 talein zum Wiesengelände der Matscher Alm (links etwas höher die Almschenke), bei der Wegteilung auf dem gerade einwärts führenden Talweg bleibend zur nächsten Bachbrücke und hinüber zur Inneren Matscher Alm (hierher führt vom Glieshof auch ein schmalerer Fußpfad); nun weiterhin auf dem breiten Weg (nun Markierung 1) talein zur Talstation der Hütten-Materialseilbahn und teilweise in Kehren auf dem unlängst besser ausgebauten Weg über freie Berghänge hinauf zur Oberetteshütte (2677 m; Sommerbewirtschaftung); ab Ausgangspunkt 2½ Std. – Abstieg: wie Aufstieg in knapp 2 Std.

Churburg und Schludernser Waalwege

Rundwanderung am Ausgang des Matscher Tales

Die Churburg bei Schluderns

Die Wanderung im Überblick:
Schluderns – Churburg – Bergwaal – Leitenwaal – Ganglegg – Kalvarienberg – Schluderns

Anreise: Von Ost oder West durch den Vinschgau nach Schluderns

Ausgangspunkt: Schluderns

Höhenunterschied: ca. 280 m

Gesamtgehzeit: ca. 3 Std.

Orientierung und Schwierigkeit: Für gehgewohnte und einigermaßen trittsichere Wanderer leicht und problemlos; manche Wegstelle etwas abschüssig oder ausgesetzt, aber die Wege sonst gut instand gehalten

Einkehrmöglichkeiten: nur im Talort

Beste Jahreszeit:
Frühsommer – Herbst

Wanderkarten 1:50.000: Kompass, Blatt 52 (Vinschgau); Freytag-Berndt, Blatt S 2 (Vinschgau – Ötztaler Alpen). – **1:25.000:** Tabacco, Blatt 044 (Vinschgau – Sesvenna)

Der Bergwaal
bei Schluderns

■ Das Gesamtbild von Schluderns einschließlich seiner Umgebung wird ganz maßgeblich von der nahen Churburg geprägt, die am grünen Hang breit und beherrschend oberhalb des Dorfes thront.

Über eine schöne Serpentinenpromenade spazieren wir hinauf zu diesem prächtigen Schloss, an dessen Bergfried als besondere Seltenheit die vorkragende Wehrplatte weithin auffällt.

Doch das Innere des 1259 erstmals erwähnten und seit 1504 im Besitz der Grafen Trapp stehenden Schlosses ist dem Äußeren mindestens ebenbürtig. Unter den Sehenswürdigkeiten, die im Rahmen von regelmäßigen Führungen gezeigt werden, seien hier die Nikolauskapelle mit einem prächtigen Altar, das Jakobszimmer mit Erinnerungsstücken des Jakob Trapp VII., der Loggiengang mit dem Stammbaum der Familie Trapp und vor allem die berühmte Rüstkammer mit verschiedensten Harnischen für Ritter und Pferd genannt.

Da wir den Besuch der Churburg mit einer größeren Rundwanderung verbinden wollen, steigen wir weiter bergan zum Vernalhof und zum Begleitweg des bekannten Schludernser Bergwaales, auf dem wir durch teilweise felsdurchsetzte Waldhänge hinein in die Schlucht des Saldurbaches wandern, um dort auf den Begleitweg des Leitenwaales überzuwechseln.

Einige Zeit folgen wir diesem Waal über Stufen und Stege und quer durch steilste Hänge, dann statten wir dem Ganglegg einen Besuch ab, einer ausgedehnten, erst vor wenigen Jahren freigelegten und sehr besucherfreundlich gestalteten Urzeitstätte.

Schließlich bringt uns der alte, teilweise gepflasterte Matscher Weg zuerst durch Gebüsch und dann vorbei an den Kreuzen und Bildstöcken des Kalvarienberges wieder hinunter nach Schluderns, wo es für den, der nicht zu müde ist, auch noch so manches andere zu erkunden und zu besichtigen gibt.

➡ **Wegverlauf:** Von Schluderns (921 m) der Beschilderung »Churburg« folgend auf breitem Fußweg in Serpentinen ostwärts durch Wald in 20 Min. hinauf zur Churburg (999 m; Besichtigung im Rahmen von Führungen möglich) und dann auf dem breiten Weg durch Wiesen weiter empor zum Vernalhof (1152 m; ab Schluderns 1 Std.); nun auf dem bald beginnenden Begleitweg des Bergwaales (Nr. 17, an ausgesetzten Stellen durch Geländer abgesichert) durch bewaldete, aber steile und felsige Hänge hinein in die Schlucht des Saldurbaches (1200 m), dann auf dem Steig kurz hinab zum Bach (Brücke), jenseits hinauf zum Leitenwaal und auf dessen ebenfalls an den ausgesetzten Stellen mit Stegen und Geländern begehbar gemachten Waalweg (weiterhin Nr. 17) an den steilen bis senkrechten Hängen westwärts zu dem talseitig neben dem Waalweg befindlichen Ganglegg, einer bewaldeten Kuppe mit der erwähnten Urzeitstätte (Mauerzüge, Hüttenreste, Informationstafeln usw.); nach der Besichtigung auf dem Waalweg kurz weiter zum talwärts führenden Weg 17/18 und auf diesem (ab der nächsten Wegteilung Nr. 18) durch Gebüsch und vorbei am Kalvarienberg hinunter nach Schluderns. Ab Ganglegg ¾ Std., ab Vernalhof ca. 2 ½ Std.

Zu den Heiligen Drei Brunnen
Kurze und bequeme Wanderung bei Trafoi

Die Wallfahrt zu den Heiligen Drei Brunnen bei Trafoi

Die Wanderung im Überblick:
Trafoi – Hl. Drei Brunnen – retour

Anreise: In Spondinig von der Vinschgauer Talstraße abzweigend über Gomagoi nach Trafoi

Ausgangspunkt: Trafoi

Höhenunterschied: ca. 80 m

Orientierung und Schwierigkeit: Leicht und problemlos

Gesamtgehzeit: 2 Std.

Einkehrmöglichkeiten: ja

Beste Jahreszeit: Frühsommer – Herbst

Wanderkarten 1:50.000: Kompass, Blatt 52 (Vinschgau); Freytag-Berndt, Blatt S 2 (Vinschgau – Ötztaler Alpen). – **1:25.000:** Tabacco, Blatt 08 (Ortlergebiet)

■ Auf unserem Weg von Trafoi, dem bekannten Bergdorf an der Stilfser-Joch-Straße, zu den Heilgen Drei Brunnen wandern wir ein Stück durch Wiesen und dann längere Zeit durch Bergwald hinein in das innerste Trafoital. Dunkelgrüne Nadelbäume und Legföhren, blühende Grasinseln, helle Geröllströme, rauschende Wildbäche, felsige Bergflanken und gleißende Gletscher bilden das Gesamtbild dieses einzigartigen alpinen Talschlusses.

Und dort steht am Fuß des Ortlers überaus idyllisch die weitum bekannte Marienwallfahrt mit dem Kirchlein zu den Heiligen Drei Brunnen, einer Loretokapelle und dem kleinen hölzernen Brunnenhaus.

Im Wallfahrtskirchlein zu Unserer Lieben Frau befinden sich erstaunlich viele interessante Votivgaben. Sie berichten von wunderbaren Heilungen oder von anderen Wundern; solche Votivbilder erzählen aber auch eindrucksvoll von den Nöten, vom Wunderglauben und von der Dankbarkeit der Menschen in vergangenen Zeiten. Auf der ältesten, 1693 gemalten Tafel hingegen ist eine Ursprungslegende bildlich dargestellt, nämlich die Geschichte von einem Hirten, der in den Quellen drei Kreuze fand und damit die Wallfahrt begründete.

Die »Quellen« in der Brunnenkapelle

In schriftlichen Belegen ist schon 1526 ein Kreuzgang hierher überliefert, um 1645 erfolgte der Bau der Loretokapelle, und um 1702 wird schließlich die heutige Kirche erbaut, in der sommersüber auch das Gnadenbild steht.

Man vermutet, dass es hier schon in vorchristlicher Zeit eine Kultstätte gegeben haben könnte, die eben mit jenen nahen Waldquellen zusammenhing, von denen das nach dem Volksglauben heilkräftige Wasser dem genannten Brunnenhäuschen zugeführt wird. Außerdem bringen die Ursprungslegenden das Heiligtum auch mit einer Einsiedelei des Mönchs Johannes de Grava sowie mit jenen Riesenquellen in Verbindung, die hoch über dem Talschluss aus den Felsen hervorbrechen.

So bildet das Ganze ein landschaftlich beeindruckendes und von Geheimnissen umwittertes Wanderziel inmitten einer weltabgeschiedenen alpinen Urlandschaft.

➡ **Wegverlauf:** Von Trafoi (Bereich der Talstation der Kleinbodenbahn, ca. 1530 m) zuerst kurz der Straße nach hinein zur Rechtskehre (Hotel Schöne Aussicht), der Beschilderung »Drei Brunnen« folgend zum Nationalparkhaus und auf hübschem Fußweg zur Kirche von Trafoi (1543 m); nun weiterhin der Beschilderung »Drei Brunnen« folgend zuerst auf schönem Wiesenweg und dann auf der Autostraße teils eben, teils leicht ansteigend talein zu Wegweisern nach den letzten Häusern, nun links ab, auf dem Weg 18 (früher Markierung 6) durch Wald unterhalb der Straße weiter und zuletzt wieder auf der Straße hinein zu den Baulichkeiten einer Polizei-Alpinschule; bald darauf über eine lange Holzbrücke hinüber auf die südliche Talseite und damit zur Wallfahrtsstätte (1605 m); ab Trafoi knapp 1 Std. – Die Rückkehr erfolgt über den Hinweg in ¾ Std.

Tabarettahütte und Payerhütte

Von Sulden in die Hochwelt des Ortlers

Der Tabarettagrat des Ortlers; erkennbar Tabarettahütte und Payerhütte

Die Wanderung im Überblick:
Sulden – Tabarettahütte – Payerhütte – retour

Anreise: Von Spondinig nach Gomagoi und links abzweigend nach St. Gertraud in Sulden

Ausgangspunkt: St. Gertraud in Sulden

Höhenunterschied: 1114 m

Gesamtgehzeit: 5 – 6 Std.

Orientierung und Schwierigkeit: Bis zur Tabarettahütte leicht und problemlos, danach ausgesprochene Bergtour; für berggewohnte und trittsichere Geher aber nicht schwierig

Einkehrmöglichkeiten: ja

Beste Jahreszeit: Sommer

Wanderkarten 1:50.000: Kompass, Blatt 72 (Ortler – Cevedale); Freytag-Berndt, Blatt S 6 (Ortlergruppe – Martell – Val di Sole). – 1:25.000: Tabacco, Blatt 08 (Ortlergebiet)

Die Payerhütte mit dem Ortlergipfel

■ Die hier vorgestellte Tour führt uns von Sulden hinauf zur Tabarettahütte und weiter zu der nicht weniger als 3020 Meter hoch gelegenen Payerhütte.

Die 1894 von Alois Schöpf, dem Besitzer des Ortlerhofes, erbaute Tabarettahütte, die nach den über ihr aufsteigenden Tabarettawänden benannt ist, steht 2500 Meter hoch auf der sogenannten Marltschneide und ist ein beliebtes Wanderziel, ein angenehmer Rastplatz auf dem Weg zur Payerhütte und ein wichtiger Stützpunkt für die Begehung der Ortler-Nordwand. Sie bietet beeindruckende Einblicke in diese berühmte Fels- und Eisroute und eine herrliche Aussicht zu den Dreitausendern, die auf der gegenüberliegenden Seite des Suldentales aufragen.

Der weitere Aufstieg führt teilweise über eine in die Steilfelsen gesprengte Weganlage und zuletzt über den schmalen Felskamm zur großen, weithin sichtbaren Payerhütte. Diese steht in geradezu extremer Lage auf dem schmalen, vom Ortlergipfel nordwärts streichenden Tabarettakamm und ist benannt nach Julius Payer (1842 bis 1915), dem bedeutenden Polarforscher und Erschließer der Ortlergruppe.

Mag das 1875 von der Sektion Prag des Deutschen und Österreichischen Alpenvereins erbaute und in der Folge mehrmals erweiterte Schutzhaus auch primär ein wichtiger Stützpunkt am Normalweg zum 3902 Meter hohen Gipfel des Ortlers sein, so wird sie von guten Gehern doch auch gern als eigenständiges Tourenziel gewählt.

Das Haus gehört zu den sechs höchstgelegenen Hütten der Ostalpen und auch zu den exponiertesten. Und der Anstieg ist lang und teilweise auch mühsam. Aber die einzigartige Lage des Hauses, die atemberaubende, überwältigende Nähe der Fels- und Eisbastionen des Ortlers, das Panorama über die Vinschgauer Bergwelt und weit darüber hinaus, und die schwindelerregenden Tiefblicke auf Sulden zur einen und auf Trafoi zur anderen Seite – all das lässt die Mühen des Aufstiegs rasch vergessen.

Wegverlauf: Von Sulden (1906 m) auf Weg 4 westseitig zunächst in Serpentinen durch Wald hinauf zur Baumgrenze und dann über Moränenschutt (stets Markierung 4) und begraste Steilhänge empor zur Tabarettahütte (2556 m; Schutzhütte mit Sommerbewirtschaftung; ab Sulden 2 Std.). Von da weiterhin auf dem Weg bzw. Steig 4 durch die steilen, teils felsigen, teils steinigen Hänge empor in die Bärenkopfscharte (2877 m) im Tabarettakamm, nun die westseitige Felsflanke des Kammes querend zur Tabarettascharte (2903 m) und am Grat im Zickzack empor zur Payerhütte (3020 m); ab Tabarettahütte 1½ Std., ab Sulden 3½ Std. – Der Abstieg (insgesamt ca. 2½ Std.) erfolgt über die Aufstiegsroute.

Höhenwanderung unterm Ortler

Über den Morosiniweg zur Hintergrathütte

Die Hintergrathütte mit dem Ortler

Die Wanderung im Überblick: St. Gertraud in Sulden – Langenstein – Hintergrathütte – Innersulden – St. Gertraud

Anreise: Von Spondinig nach Gomagoi und links abzweigend nach St. Gertraud in Sulden

Ausgangspunkt: St. Gertraud in Sulden

Höhenunterschiede: 330 m im Aufstieg, ca. 550 m im Abstieg (bei Seilbahnbenützung entsprechend weniger)

Gesamtgehzeit: je nach Wegwahl ca. 3 – 4 Std.

Orientierung und Schwierigkeit: Für geh- und berggewohnte Wanderer unschwierig, stellenweise aber felsig und etwas ausgesetzt.

Einkehrmöglichkeiten: ja

Beste Jahreszeit: Sommer – Herbst

Wanderkarten 1:50.000: Kompass, Blatt 72 (Ortler – Cevedale); Freytag-Berndt, Blatt S 6 (Ortlergruppe – Martell – Val di Sole). – **1:25.000:** Tabacco, Blatt 08 (Ortlergebiet)

■ Bei dieser Wanderung lernen wir das Hochgebirgsreich des Ortlers aus nächster Nähe kennen. Dabei fahren wir zunächst mit dem Sessellift von Sulden hinauf zum Langenstein mit seiner Gaststätte und wandern dann auf dem Morosiniweg hinüber zur Hintergrathütte.

Der Höhenweg ist nach dem Wiener Bergfreund Nikolaus Morosini benannt, der um 1900 die Erbauung der Suldner Kirche tatkräftig unterstützte. Die Route quert die großen Moränen des Endder-Welt-Ferners, aber auch blühendes Grasgelände sowie steile felsige Hänge, die ein paar heiklere, aber durch Stege und Halteseile entschärfte Passagen aufweisen.

So ist der Morosiniweg ebenso kurzweilig wie unschwierig begehbar, und fast ehe man sich's versieht, hat man die Hintergrathütte vor sich, die im Anblick der berühmten Königsspitze-Nordwand und des ausgedehnten Suldenferners am Ortler-Hintergrat steht.

Aber sosehr die Eiskatarakte, Felsbastionen und Geröllkare hier auch das Bild beherrschen mögen, im Bereich der Hütte hält sich doch auch grüner Bergrasen, auf dem die Schafe weiden, und in einer Mulde liegt der freilich nur seichte und oft recht wasserarme Obere Gratsee.

Für die Rückkehr nach Sulden wählen wir den klassischen alten Hüttenweg. Er führt zunächst am Unteren Gratsee und an der Ruine der einstigen Bäckmannhütte vorbei, und wer den Abstieg abkürzen möchte, steigt nur bis zur Mittelstation der Sulden-Seilbahn ab und schwebt mit dieser weiter zu Tal.

Blick von der Hintergrathütte zur Königsspitze

Gehfreudigere wählen hingegen entweder den breiten Güterweg oder den sehr steilen, aber mit Seilgeländern und kurzen Metalltreppen versehenen Fußweg durch die felsige Legerwand unweit eindrucksvoller Wasserfälle.

Hat man dann – wie auch immer – den ebenen Talboden erreicht, geht es schließlich in gemütlicher Wanderung wieder nach St. Gertraud zurück – zu Füßen der unvergleichlichen Hochgebirgswelt, die das Suldental umrahmt.

➡ **Wegverlauf:** Von St. Gertraud in Sulden (1840 m) zunächst mit dem Sessellift hinauf zum Langenstein mit der Berggaststätte K2 (2330 m). Von da zu Fuß auf Weg 3 (dies ist der Morosini-Höhenweg) zunächst Gletschermoränen und dann teils grasbewachsene, teils felsige Steilhänge querend (leicht ausgesetzte Stellen sind mit Fixseilen und Holzstegen versehen) in schöner, meist leicht ansteigender Wanderung zur Hintergrathütte (2661 m; bewirtschaftetes Schutzhaus; ab Langenstein ca. 1½ Std.). – Abstieg: Von der Hütte auf Bergweg 2 südwärts hinunter zu Weggabel, wo folgende Möglichkeiten bestehen: rechts hinüber zur Mittelstation der Sulden-Seilbahn (2172 m) und mit dieser oder über den breiten Güterweg (¾ Std.) hinab ins Tal, oder aber von besagter Weggabel links auf dem markierten, teilweise gesicherten und mit kurzen Metalltreppen versehenen Felssteig steil hinunter in den Talschluss, auf dem nun schönen Weg weitgehend eben hinaus zu weiterer Wegteilung und geradeaus auf dem »Kulturweg« durch Wald hinaus zum Ausgangspunkt; ab Hintergrathütte gut 2 Std.

Zur Düsseldorfer Hütte

Eine der schönstgelegenen Schutzhütten der Ostalpen

Die Düsseldorfer Hütte mit dem Ortler im Hintergrund

Die Wanderung im Überblick:
Innersulden – Kanzel – Düsseldorfer Hütte – Zaytal – Innersulden

Anreise: Von Spondinig nach Gomagoi und links abzweigend nach St. Gertraud in Sulden

Höhenunterschied: ca. 800 m

Gesamtgehzeit: 3 ½ Std.

Orientierung und Schwierigkeit: Für gehgewohnte Wanderer leicht und problemlos

Einkehrmöglichkeiten: ja

Beste Jahreszeit: Sommer – Frühherbst

Wanderkarten 1:50.000: Kompass, Blatt 72 (Ortler – Cevedale); Freytag-Berndt, Blatt S 6 (Ortlergruppe – Martell – Val di Sole). – **1:25.000:** Tabacco, Blatt 08 (Ortlergebiet)

Das berühmte Suldner Dreigestirn Königsspitze, Zebrù und Ortler – von der Düsseldorfer Hütte aus

■ Auf der Ostseite des Suldentales erhebt sich eine Reihe bedeutender zum Teil vergletscherter Dreitausender, die den oberen, relativ flachen Teil des Zaytales umschließen; und dort oben, zu Füßen der Hochgipfel, steht an einer der schönsten Stellen der Ortlergruppe die Düsseldorfer Hütte, die 1892 von der gleichnamigen Alpenvereinssektion erbaut wurde.

Als bequemere und landschaftlich schönere Alternative zum klassischen, im ersten Teil ziemlich steilen, durch Wald führenden Hüttenanstieg, wählen wir eine vergleichsweise gemütliche Hangquerung in freiem und entsprechend aussichtsreichem Gelände.

Zunächst schweben wir von Innersulden mit der Sesselbahn zur Kanzel mit ihrer Gaststätte, und von dort wandern wir auf einem Höhenweg hinüber ins Zaytal, wo wir den oberen Teil des erwähnten direkten Aufstiegsweges betreten und nun auf diesem, über freie Hänge, wo am Bach die Wasseramseln und auf den Grashängen die Murmeltiere zu Hause sind, zur Schutzhütte ansteigen.

Hier geht das steile Gelände recht unvermittelt in ebenes über, sandige Böden und blütendurchwirkte Rasenflecken breiten sich aus, in flache Mulden sind kleine Seen gebettet, dahinter zieht sich ausgedehntes Moränengelände hin, und über all dem ragen gleich mehrere stolze Dreitausender auf. Doch das, was uns schon auf dem

Höhenweg fasziniert hat, beherrscht auch hier bei der Düsseldorfer Hütte stärker das Bild als alles andere: das berühmte Suldner Dreigestirn, bestehend aus den Bergriesen Königsspitze, Zebrù und Ortler, eine der großartigsten Gipfelreihen der gesamten Alpen. Hier haben wir bereits westalpine Dimensionen vor uns, nähern sich die Gipfelhöhen doch der 4000-Meter-Grenze.

Für den Abstieg bietet sich eine weitere Route an, über die man zur Talstation des genannten Liftes zurückkehren kann, und damit eröffnet sich die Möglichkeit zu einer lohnenden Rundwanderung.

Wegverlauf: Von Innersulden (1906 m) zuerst mit dem Sessellift ostseitig hinauf zur Kanzel (2350 m, Gaststätte). Von dort dann zu Fuß der Markierung 12 folgend ein gutes Stück auf breitem, nahezu ebenem Wanderweg und dann auf dem links in leichtem Abstieg die Hänge querenden Fußsteig zu dem von Sulden heraufkommenden Hüttenweg 5 (ca. 2400 m) und nun auf diesem durch das hübsche Zaytal teilweise in Serpentinen hinauf zur Düsseldorfer Hütte (2721 m). – Abstieg: Vom Schutzhaus auf dem Weg 5 durch das Zaytal hinunter und an den Abzweigungen der Wege 12 und 14 vorbei, bis in ca. 2100 m Höhe links der Steig 16 abzweigt (Wegweiser); und nun auf diesem zuerst in mäßigem, dann stärkerem Abstieg durch die Waldhänge südwärts hinunter zur Talstation des Kanzellifts; ab Hütte knapp 2 Std.

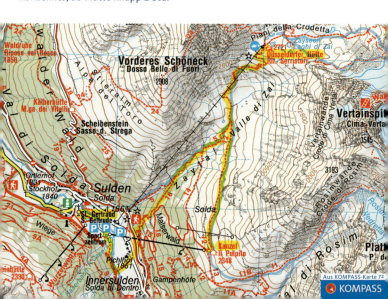

Auf das Hintere Schöneck
Über die Kälberhütte zum lohnenden Dreitausender

Das Hintere Schöneck, leichter Dreitausender über Sulden

Die Wanderung im Überblick:
Sulden – Kälberhütte – Hinteres Schöneck – retour

Anreise: Von Spondinig nach Gomagoi und links abzweigend nach St. Gertraud in Sulden

Ausgangspunkt: Sulden

Höhenunterschied: 1284 m

Gesamtgehzeit: ca. 6 – 7 Std.

Orientierung und Schwierigkeit:
Für einigermaßen ausdauernde und berggewohnte Geher bei guten Verhältnissen leicht und problemlos

Einkehrmöglichkeiten: ja

Beste Jahreszeit: Sommer – Herbst

Wanderkarten 1:50.000: Kompass, Blatt 72 (Ortler – Cevedale); Freytag-Berndt, Blatt S 6 (Ortlergruppe – Martell – Val di Sole). – **1:25.000:** Tabacco, Blatt 08 (Ortlergebiet)

■ Das Hintere Schöneck bildet den westlichsten markanten Punkt jenes hohen Felskammes, der nordöstlich über Sulden das Zaytal begrenzt. Der schmale Felsgipfel setzt sich vom übrigen Gratverlauf zwar nur wenig ab, doch seine Höhe und freie Lage, aber nicht zuletzt auch seine relativ leichte Ersteigbarkeit machen ihn zu einem beliebten Tourenziel.

Als Alternative zum teilweise etwas ausgesetzteren Anstieg über die Düsseldorfer Hütte empfehle ich hier die leichtere und landschaftlich ebenfalls sehr schöne Route über die Kälberhütte.

Diese gut markierte Aufstiegsroute führt zunächst durch Wald zur besagten Kälberhütte mit ihrer Almschenke, dann großteils über begraste Hänge hinauf zu einem großen Steinmann und zuletzt über einen Blockgrat zum Gipfel. Das Vordere Schöneck betreten wir dabei nicht, handelt es sich doch um einen wenig ausgeprägten und touristisch eher unwichtigen Punkt.

Der beschriebene leichte Aufstieg macht das Hintere Schöneck zu einem Hochgipfel für jeden durchschnittlich geübten Berggeher, sofern er wieder über die unschwierige Aufstiegsroute absteigt.

Wer sich hingegen auch einen etwas ausgesetzteren, allerdings an den heiklen Stellen mit Halteseilen versehenen Abstieg durch eine sehr steile, felsdurchsetzte Flanke zutraut, kann zur Düsseldorfer Hütte absteigen und von dort durch das Zaytal nach Sulden zurückkehren – eine Rundtour, die auch in umgekehrter Richtung gern unternommen wird.

Abendstimmung mit Cevedaleblick beim Abstieg vom Schöneck

Wie dem auch sei. Am Gipfel zeigt sich, dass er mehr ist als nur ein »schönes Eck«. Stehen wir doch hier auf einem freien und zentral gelegenen Dreitausender mit entsprechender Aussicht. So darf ohne Übertreibung behauptet werden, dass man von kaum einem anderen leicht ersteigbaren Gipfel die zentrale Ortlergruppe so überschauen kann wie eben von unserem Schöneck aus.

Wegverlauf: Von St. Gertraud in Sulden (1844 m) am östlichen Talhang stets der Beschilderung »Kälberhütte« und der Markierung 19 folgend durch die Waldhänge nordostwärts teils mäßig, teils stärker ansteigend hinauf zur Kälberhütte (2248 m, Ausschank; ab Sulden knapp 1½ Std.), dann auf Steig 25 über die begrasten Steilhänge hinauf gegen das Vordere Schöneck (touristisch bedeutungslos), nun steil, aber unschwierig über steinige Hänge empor zum Blockgrat und kurz über ihn zum Gipfel; ab Kälberhütte 2½ Std., ab Sulden 3½–4 Std. – Der Abstieg erfolgt am sichersten über die beschriebene Aufstiegsroute in ca. 2½ Std. (der Abstieg zur Düsseldorfer Hütte ist teilweise stärker ausgesetzt, allerdings an heiklen Stellen gesichert).

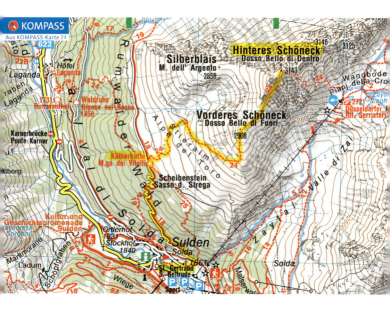

Nach Tanas und St. Peter

Wanderung zur Siedlungslandschaft oberhalb Eyrs

St. Peter bei Tanas inmitten felsdurchsetzter Steilhänge

Die Wanderung im Überblick:
Eyrs – Tanas – St. Peter – Eyrs

Anreise: Über die Vinschgauer Talstraße von Ost oder West nach Eyrs

Ausgangspunkt: Eyrs

Höhenunterschied: 472 m

Gesamtgehzeit: 2 ½ – 3 Std.

Einkehrmöglichkeiten: ja

Orientierung und Schwierigkeit:
Leicht und problemlos

Beste Jahreszeit:
Frühsommer – Herbst

Wanderkarten 1:50.000:
Kompass, Blatt 52 (Vinschgau); Freytag-Berndt, Blatt S 2 (Vinschgau – Ötztaler Alpen). – 1:25.000: Tabacco, Blatt 044 (Vinschgau – Sesvenna)

Felsbild aus dem 18. Jahrhundert beim Peterskirchlein

■ Zwischen Laas im Osten und Spondinig im Westen erblickt man oben auf der Sonnenseite am Rand des tief eingeschnittenen Tanaser Grabens und damit unweit des Höhendorfes Tanas, aber in geradezu extremer Lage auf einem steilen, von wilden Gräben gesäumten Felssporn, das einsame Kirchlein St. Peter mit seinem barocken Zwiebelturm.

Dorthin führt unsere Wanderung. Von Eyrs steigen wir durch die ostseitigen Hänge des Tanaser Grabens bis zu einer markanten, mit einem stattlichen Wegkreuz versehenen Weggabelung auf; hier könnten wir gleich in Richtung St. Peter abdrehen, aber zuerst machen wir einen Abstecher nach Tanas, einer der sonnseitigen Höhensiedlungen des Vinschgaus.

Das Dörfchen mit seiner nahen Kirche ist nicht groß, aber rundherum breiten sich ausgedehnte Wiesenhänge aus, in denen auch der eine und andere Einzelhof liegt; zu diesen gehört auch Paflur, ein Gasthaus mit besonders schöner Aussicht eine knappe halbe Gehstunde ober dem Dorf.

Von Tanas kehren wir zur besagten Wegteilung zurück, und dann queren wir auf dem »Besinnungsweg« den felsigen Bachrunst hinüber zur Peterskirche, die 1769 errichtet wurde, nachdem ein Teil der tiefer am Hang gelegenen gotischen Vorgängerkirche in den Tanaser Graben gestürzt war. Von dieser Letzteren sind heute noch Reste erhalten, während es von einer noch älteren, 1396 erwähnten Peterskirche keinerlei Spuren mehr gibt.

Das heutige Kirchlein enthält zwar keine Kunstschätze, besticht aber durch den Gegensatz zwischen der wilden, fast beängstigenden Lage und dem leichten, heiteren Baustil; und nahe der Kirche verdienen außer dem winzigen Friedhof ein altes Wegkreuz sowie ein Felsbild von 1787 mit den Initialen des Gsalhofbauern Andreas Parth Beachtung.

Abschließend bleibt noch zu erwähnen, dass einst eine Ritterburg den schmalen Felssporn gekrönt haben soll, auf dem die heutige Kirche steht. Doch Sicheres darüber weiß man leider nicht.

Wegverlauf: Von Eyrs (903 m) der Beschilderung »Tanas« bzw. »St. Peter« folgend auf schmaler Straße nordöstlich leicht ansteigend hinauf, dann über den Tanaser Bach und entweder auf dem rechts über den einsamen Vernatschhof führenden Güterweg (Markierung 25 B) oder aber links auf dem durch die Waldhänge ansteigenden Forstweg 25 (einer der beiden Wege kann als Abstiegsvariante benützt werden) hinauf zu einer Weggabel bei einem Feldkreuz; von da, nach einem Abstecher rechts hinüber nach Tanas (1430 m, ab Weggabel wenige Minuten), links auf dem »Besinnungsweg« (entsprechende Wegweiser und Holzskulpturen) am Mühlhof vorbei in teils ebener, teils leicht absteigender Hangquerung zum Tanaser Bach (Brücke) und jenseits auf dem guten Weg leicht ansteigend durch die Steilhänge hinaus zur Kirche St. Peter (1364 m); ab Eyrs knapp 2 Std. – Der Abstieg erfolgt entweder über einen der beiden beschriebenen Aufstiegswege (knapp 1½ Std.) oder auf einem zwischen St. Peter und dem Tanaser Bach bei entsprechendem Wegweiser abzweigenden, sehr steilen Steig (ca. 1 Std.).

Sonnenpromenade und St. Ägidius

Rundwanderung bei Schlanders und Kortsch

Unser Weg nach St. Ägidius gegen das gut 3250 Meter hohe Hasenöhrl

Die Wanderung im Überblick:
Schlanders – Ilzwaal – St. Ägidius – Kortsch – Sonnenpromenade – Schlanders

Anreise: Auf der Vinschgauer Talstraße von West oder Ost nach Schlanders

Ausgangspunkt: Schlanders

Höhenunterschied: ca. 200 m

Gesamtgehzeit: ca. 2 ½ Std.

Orientierung und Schwierigkeit: In jeder Hinsicht leicht und problemlos, der Aufstieg allerdings etwas steil

Einkehrmöglichkeiten: ja, in Schlanders

Beste Jahreszeit: Sommer

Wanderkarten 1:50.000: Kompass, Blatt 52 (Vinschgau); Freytag-Berndt, Blatt S 2 (Vinschgau – Ötztaler Alpen). – **1:25.000:** Tabacco, Blatt 045 (Latsch – Martell – Schlanders)

■ Unsere Rundwanderung führt durch die Sonnenhänge im Gebiet von Schlanders und Kortsch. Diese Hänge sind zwar felsig und steil, doch es breiten sich auch Föhren- und Mischwaldbestände aus, an manchen Stellen ziehen sich Rebanlagen hinauf, und außerdem prägt die Edelkastanie, die treue Begleiterin der Rebe, dieses Gebiet. Besonders schöne Haine befinden sich unterhalb des Ägidiuskirchleins, und dem »Köstenwaal«, der oberhalb der Häuser von Schlanders zusammen mit der »Sonnenpromenade« die Hänge quert, haben sie den Namen gegeben.

Eine wie von Titanenhand vom dahinterliegenden Hang abgetrennte Felsrippe trägt den Namen »Schatzknott«; auf ihrem Scheitel finden sich spärliche Mauerreste einer vermutbaren einstigen Burg, um die sich manche Sage rankt.

Etwas tiefer hingegen steht auf einem felsigen Absatz das einsame Ägidiuskirchlein, dessen Patron zu den Vierzehn Nothelfern gehört. Das ursprünglich dem hl. Vigilius geweihte, teils romanische, teils gotische Kirchlein, das jedem auffällt, der durch den Vinschgau fährt, ist reich mit Fresken ausgeschmückt, während an der Außenseite weithin sichtbar ein Christophorusbild prangt.

Zwischen dem Bereich des Ägidiuskirchleins im Westen und dem Schlandraunbach im Osten verlaufen zwei hübsche Wasserwaale, zum einen der erwähnte Köstenwaal, mit dem die Sonnenpromenade parallel läuft, und ein gutes Stück höher der Ilz- oder Ilswaal, dessen Begleitweg zwar weniger sonnig und auch nicht so

Das Kirchlein
St. Ägigius bei
Kortsch, darüber die
Zerminiger Spitze

Unser Wanderweg am Ilzwaal

breit ist wie die Sonnenpromenade, aber dennoch eine lohnende Wandermöglichkeit darstellt.

Die Begehung dieser beiden Waale bilden zusammen mit den entsprechenden Verbindungswegen die hier vorgeschlagene Rundwanderung, die eine weite Schau über das Gebiet von Schlanders, einen Blick hinauf zum Schloss Schlandersberg und den Besuch des Ägidiuskirchleins umfasst.

➡ **Wegverlauf:** In Schlanders (721 m) den Wegweisern »Promenade« folgend zum nordöstlichen Dorfrand und der Markierung 5 folgend kurz hinauf zum östlichen Beginn der Sonnenpromenade (820 m); dann ein Stück dem Schlandraunbach entlang und schließlich in steilen Serpentinen durch Wald empor zum Ilzwaal (ca. 930 m; ab Schlanders ¾ Std.). Nun auf dem Begleitweg dieses Waals westwärts bis zu einem Wasserbecken, auf dem ebenen Steig die Waldhänge querend westwärts weiter und zuletzt kurz hinunter zum Ägidiuskirchlein (ca. 825 m). Nun auf einem nahe dem Kirchlein beginnenden Fußweg unter Kastanienkronen hinunter nach Kortsch, von dort der Beschilderung »Fußweg nach Schlanders« folgend bis unter ein unübersehbares Schulgebäude, auf ebenem Gässchen ostwärts zur Sonnenpromenade, über sie zu ihrem Ende und rechts hinunter nach Schlanders; ab Kirchlein ca. 1 Std.

Fisolhof und Burg Schlandersberg
Zum Schlossbereich über der Schlandraunklamm

Schloss Schlandersberg und Vinschgau bei Sonnenuntergang

Die Wanderung im Überblick:
Schlanders – Fisolhof/Burg Schlandersberg – Schlanders

Anreise: Über die Vinschgauer Talstraße von West oder Ost nach Schlanders

Ausgangspunkt: Schlanders

Höhenunterschied: ca. 310 m

Gesamtgehzeit: knapp 2 Std.

Orientierung und Schwierigkeit: Für gehgewohnte Wanderer leicht und problemlos, die Wege allerdings teilweise sehr steil

Einkehrmöglichkeiten: ja

Beste Jahreszeit: Frühjahr – Herbst

Wanderkarten 1:50.000: Kompass, Blatt 52 (Vinschgau); Freytag-Berndt, Blatt S 2 (Vinschgau – Ötztaler Alpen). – **1:25.000:** Tabacco, Blatt 045 (Latsch – Martell – Schlanders)

Die Westseite von Schloss Schlandersberg

■ Der Marktflecken Schlanders besitzt gleich mehrere einstige Adelssitze, die zwar nicht so auffallen wie der ungewöhnlich hohe Spitzturm der Pfarrkirche, aber doch das Ortsbild nicht unwesentlich mitprägen. Einer dieser Bauten ist die Schlandersburg, ein stattlicher Renaissanceansitz.

Darüber hinaus gibt es aber auch die mittelalterliche Burg Schlandersberg, ein stattliches Schloss, das hoch oben auf der Sonnenseite einen aus der Felsenklamm des Schlandraunbaches vorspringenden Geländesporn krönt und weit übers Land schaut.

Das Innere dieser vor etlichen Jahren durchgreifend renovierten Burg ist nicht allgemein zugänglich. Sie darf aber dennoch als Wanderziel angesprochen werden. Denn es führen lohnende Zugänge hinauf,

Unweit unseres Aufstiegs befindet sich ein hübscher Wasserfall.

und im Sattel zwischen dem Berghang und dem Schlosshügel bietet der Fisolhof Einkehrmöglichkeit – dem Schloss gerade gegenüber.

Die Burg ist eine Gründung der Herren von Schlandersperg und reicht in ihrem Kern, der hauptsächlich von einem mächtigen, mit hohen Schwalbenschwanzzinnen versehenen und auf drei Seiten von niedrigeren Baulichkeiten umschlossenen Viereckturm gebildet wird, in das 13. Jahrhundert zurück.

So steil die Hänge des Burghügels zur Schlucht des Schlandraunbaches auch abfallen mögen, so gibt es dennoch einen Weg, der gerade im wildromantischen Schluchtbereich einen sehr eindrucksvollen Zugang zum erwähnten Fisolhof ermöglicht.

Diesen Weg wählen wir für den Aufstieg, während wir für den Abstieg den Pfad einschlagen, der uns auf der Südseite des Burghügels durch verstepptes Sonnenberggelände wieder nach Schlanders bringt. Dadurch ergibt sich eine nicht zu lange Rundtour, die uns auch Zeit lässt, vor oder nach der Wanderung einen Rundgang durch Schlanders zu unternehmen.

Wegverlauf: Vom Hauptplatz in Schlanders (738 m) der Beschilderung »Promenade« folgend zwischen den Häusern nordostwärts hinauf, auf dem Weg 5 zweimal den Schlandraunbach überquerend weiter und dann in Serpentinen am steilen Waldhang empor zum Ilzwaal; nun rechts auf dem ausgesetzten, aber durch Geländer abgesicherten Waalweg hinein zum Schlandraunbach (gute Brücke über die Schlucht), jenseits auf dem wieder steilen, aber gut begehbaren schmalen Fußweg empor zum Geländesattel bei der Burg Schlandersberg und zur nahen Gaststätte Fisolhof (ca. 1050 m); ab Schlanders 1 Std. – Abstieg: Auf dem alten Burgsteig (Markierung 7) am vegetationsarmen Südhang in Serpentinen ziemlich steil gerade hinab zum Bergfuß und zurück zum Ausgangspunkt. Ab Schlandersberg etwa ¾ Std.

24

Zur Soyalm in Martell
Von Gand hinauf zu den südseitigen Höhen

Die Gastschenke der Soyalm

Die Wanderung im Überblick:
Unterhölderle – Soyalm – retour

Anreise: Von Latsch/Goldrain ins Martelltal und durch dieses bis Unterhölderle

Ausgangspunkt: Unterhölderle, Gasthof Hölderle

Gesamtgehzeit: 3 – 3 ½ Std.

Höhenunterschied: 616 m

Orientierung und Schwierigkeit:
Für gehgewohnte Wanderer leicht und problemlos, der Weg aber steil

Einkehrmöglichkeiten: ja

Beste Jahreszeit:
Sommer – Frühherbst

Wanderkarten 1:50.000: Kompass, Blatt 52 (Vinschgau); Freytag-Berndt, Blatt S 2 (Vinschgau – Ötztaler Alpen). – **1:25.000:** Tabacco, Blatt 045 (Latsch – Martell – Schlanders)

■ Die großteils bewaldeten Flanken auf der Schattenseite des Martelltales erscheinen steil und unwegsam, doch da und dort führt durch diese Flanken ein Weg zur Höhe, und in höherer Lage befinden sich kleine Hochtäler mit hübschen Almen.

Eine davon ist die Soyalm, der unser Besuch gilt. Das kleine Seitental, in dem die Alm liegt, zweigt kurz nach Gand südseitig ab, es ist im unteren Teil dicht bewaldet, sehr steil und kaum ausgeprägt. So muss man erst einmal diese steilen Waldhänge erklimmen, bevor das kleine Bergtal in seinem oberen Teil dann fast unvermittelt flacher wird und sich zur Mulde ausweitet, in der die teilweise von hohen Berggraten umschlossene Almrodung mit ihren Hütten liegt.

Die westexponierte Alm bietet einerseits den Blick auf die ostseitigen Gipfel des Martelltales, vor allem aber beherrscht das viel nähere Massiv der über 3400 Meter hohen Zufrittspitze mit dem schimmernden Soyferner das Bild.

Ein Blick in die Geschichte der Alm unterrichtet uns, dass sie 1694 im Besitz des Freiherrn Johann Josef von Hendl in Goldrain und des Herrn Franz von Heidorff war. Diese beiden Adelsherren hatten, wie damals schriftlich festgehalten wurde, »die Alben auf Sohy vor jahrn von der gemainschaft erk-

Die Soyalm
gegen das Zufrittmassiv

auft«. Später ging die Alm dann in den Besitz der Goldrainer Bauern über und ist seither eine sogenannte Fraktionsalm von Goldrain.

Vor einigen Jahren traten die heutigen Baulichkeiten an die Stelle der früheren, aber die fügen sich mindestens genauso gut ins Landschaftsbild ein. Und hier wird nicht nur der bekannte Vinschgauer Almkäse hergestellt, sondern es besteht auch Einkehrmöglichkeit – ein Grund mehr, den rund zweistündigen Aufstieg auf sich zu nehmen. Und so mancher besonders gute Geher, dem dieser Aufstieg nicht genügt, besteigt auch noch die nahe, mit einem neuen Gipfelkreuz geschmückte Elferspitze.

Wegverlauf: Von der Höfegruppe Unterhölderle im mittleren Martelltal (1457 m; ca. 2 km innerhalb der Siedlung Gand) auf dem mit Nr. 4 markierten Fußweg teilweise in Serpentinen durch den steilen Lärchenwald hinauf, dann kurz hinein in den Graben des Soybaches, nach dessen Überquerung am gegenüberliegenden Hang hinauf und zuletzt über die Almwiesen zur Hütte (2073 m); ab Ausgangspunkt knapp 2 Std. – Abstieg: über den Aufstiegsweg, 1 ½ Std.

Zum Stallwieshof

Ins innerste Marteller Höfegebiet

Stallwies, der höchste Hof im ganzen Martelltal

Die Wanderung im Überblick: Gasthof Waldheim – Stallwieshof – Schluderalm – Ausgangspunkt

Anreise: Von Latsch/Goldrain ins Martelltal und durch dieses bis zum Parkplatz beim Gasthof Waldheim

Ausgangspunkt: Parkplatz beim Gasthof Waldheim

Höhenunterschied: ca. 450 m

Gesamtgehzeit: ca. 3 – 3 ½ Std.

Orientierung und Schwierigkeit: Für gehgewohnte Wanderer leicht und problemlos, teilweise aber steil; bei der Querung von Stallwies zur Schluderalm auf Steinschlag achten!

Einkehrmöglichkeiten: ja

Beste Jahreszeit: Frühsommer – Herbst

Wanderkarten 1:50.000: Kompass, Blatt 72 (Ortler – Cevedale); Freytag-Berndt, Blatt S 6 (Ortlergruppe – Martell – Val di Sole). – 1:25.000: Tabacco, Blatt 045 (Latsch – Martell – Schlanders)

Die Kornmühle beim Stallwieshof

■ Bei dieser Wanderung steigen wir vom Marteller Talgrund hinauf zum legendären Stallwieshof, der hoch oben auf einer sonnseitigen Hangterrasse liegt. Dies ist der höchstgelegene Bauernhof des ganzen Martelltales, und er gehörte bis vor einigen Jahrzehnten zu den höchstgelegenen Kornhöfen der Alpen. Daran erinnert noch die nahe, vom Stallwiesbauer mustergültig instand gehaltene Mühle – in dieser Höhe von nicht weniger als 1926 Meter Höhe eine kulturgeschichtliche Sehenswürdigkeit mit hohem Seltenheitswert.

Zwar ist der Stallwieshof kein Kornhof mehr, aber er ist keineswegs aufgelassen, und er umfasst auch eine Berggaststätte, die dem Hochalpinisten vor allem als Ausgangspunkt für die Besteigung der Orgelspitze bekannt ist. Doch da der Hof besonders schön liegt und der alte Fußweg vom Tal herauf unverändert erhalten ist, bietet sich Stallwies auch als lohnendes Wanderziel an.

Beim Aufstieg, der im Bereich der kleinen Wallfahrtskirche Maria in der Schmelz und des Gasthofs Waldheim im inneren Martelltal beginnt, lernen wir auch die unterhalb Stallwies gelegenen Höfe kennen, den einsamen Löcherhof und den ehemaligen Doppelhof Hochegg mit seiner Heiligkreuzkapelle.

Um dann von Stallwies nicht mehr auf dem gleichen Weg absteigen zu müssen, bietet sich eine hübsche Alternative an, die uns über einen Höhenweg zur Schluderalm führt, einem hübschen Platz, auch wenn er als Alm und Bergmahd weitgehend ausgedient hat; dort wird dann jedenfalls der Abstieg angetreten.

Wer im Talgrund auch einen kurzen Abstecher taleinwärts macht, kommt zum erwähnten, von mancher Legende umrankten Kirchlein Maria in der Schmelz, das Graf Hendl von Kastelbell-Goldrain 1711 für die Bergknappen erbauen ließ und das nach dem einstigen Schmelzofen benannt wurde, in dem die im Martelltal geförderten Erze verhüttet wurden.

Unser Weg zum Stallwieshof

➡ **Wegverlauf:** Vom Gasthof Waldheim im inneren Martelltal (ca. 1550 m; unweit davon Touristenparkplatz) auf breiter Brücke über den Talbach, dann stets auf Weg 5 durch Wald hinauf zum Löcherhof, auf altem Weg am freien Hang weiter zu den Wiesen des Hochegghofs und dann mäßig ansteigend wieder durch Wald zum Stallwieshof (1926 m; Gasthaus); ab Waldheim knapp 1½ Std. – Von da auf dem mehrmals kurz ansteigenden Fußweg 8 in längerer Waldquerung (auch Steinschlag achten!) westwärts zu den Blockhütten der Schluderalm (ca. 2000 m; ab Stallwies ca. ½ Std.), von da auf Steig 34 hinab zum Wald, dann großteils steil hinunter ins Tal und teils auf einem breiten Forstweg, teils auf einem Fußsteig (alles markiert und beschildert) orografisch links hinaus zur Brücke und zum Ausgangspunkt.

Gelbsee und Grünsee

Einsames Tourenziel im Martelltal

Der Gelbsee im Martelltal

Die Wanderung im Überblick:
Martelltal – Gelb- und Grünsee – retour

Anreise: Im Bereich von Latsch/Goldrain die Vinschgauer Talstraße verlassend südseitig hinein ins Martelltal und durch dieses bis zum Gasthof »Zum See«

Ausgangspunkt: Gasthof »Zum See«

Höhenunterschied: 865 m

Gesamtgehzeit: ca. 5 Std.

Orientierung und Schwierigkeit:
Für berg- und gehgewohnte Wanderer leicht und problemlos

Einkehrmöglichkeiten:
am Ausgangspunkt

Beste Jahreszeit:
Sommer – Frühherbst

Wanderkarten 1:50.000: Kompass, Blatt 72 (Ortler – Cevedale); Freytag-Berndt, Blatt S 6 (Ortlergruppe – Martell – Val di Sole). – **1:25.000:** Tabacco, Blatt 045 (Ortlergebiet)

■ Die beiden Martellner Bergseen, die als Gelbsee und Grünsee bekannt sind, befinden sich ziemlich hoch oben im Moränengelände der bekannten Zufrittspitze und ihrer Trabanten.

Die Tour zu den Seen, bei der wir zur Gänze einem gut markierten Steig folgen können, beginnt beim Gasthaus »Zum See« am hinteren Ende des Zufritt-Stausees. Von dort wandern wir einige Zeit durch den Wald talaus, dann geht es hinauf zur Baumgrenze, und über Grashänge und Bergheiden mit vielen Zwergwacholderbüschen führt der gute Steig hinauf zum Gelbsee.

Das stattliche, von blütengespicktem Blockwerk umgebene Gewässer, das nach Westen eine schöne Aussicht zu den Hochgipfeln zwischen Martell und Sulden bietet, trägt seinen seltenen Namen nicht zu Unrecht. Denn es weist aufgrund der sogenannten Trübe des unterirdisch zufließenden Gletscherwassers tatsächlich eine gelbliche oder gelblichgrüne Färbung auf.

Hinter dem Gelbsee baut sich eine wuchtige Moräne auf, die den Blick auf den hinter ihr liegenden zweiten See verwehrt. Um auch ihn kennen zu lernen, ersteigen wir also die Moräne, und da blicken wir nun auf sie beide, auf den gelblichen auf der einen und den smaragdgrünen auf der anderen Seite.

Dieses einzigartige Seenpaar und die umliegende Bergwelt mit ihren vergletscherten Hochgipfeln hat zu Beginn des vorigen

Der Grünsee unweit des Gelbsees

Gelbe Hauswurz, eine der vielen Blumen am Weg zum Gelb- und Grünsee

Jahrhunderts die Alpenvereinsleute der Sektion Dortmund so beeindruckt, dass sie hier mit dem Bau einer Schutzhütte begannen. Doch der Ausbruch des Ersten Weltkrieges brachte die Arbeiten zum Stillstand, und danach wurde die Idee des Hüttenbaus nie wieder aufgegriffen.

So ist das Gebiet das stille Bergreich geblieben, das es immer schon war, das Reich bizarr geformter und gefärbter Felsen, das Reich der Gämsen und Murmeltiere und Bergblumen und das Reich zweier faszinierender Moränenseen.

➡ **Wegverlauf:** Vom Gasthaus Zum See im inneren Martelltal (1864 m; Parkplätze) stets der Markierung 17 folgend zuerst auf schmaler Teerstraße ganz leicht abwärts talaus, dann auf Fußweg durch Wald ca. ½ Std. eben weiter und kurz hinauf zu zwei Stegen über den Zufrittbach; danach hinauf zur Waldgrenze (stets Steig 17) und über Bergheidehänge teils fast eben, größerenteils aber in mittelsteilen Serpentinen hinauf zum Gelbsee (2729 m); ab Ausgangspunkt knapp 3 Std. – Der Grünsee versteckt sich hinter einer Moräne und ist durch Überschreiten derselben weglos, aber unschwierig zu erreichen. – Abstieg: wie Aufstieg (2 – 2½ Std.).

Auf die Vordere Rotspitze

Lohnender Dreitausender im innersten Martelltal

Die Vordere Rotspitze in Martell, von Westen gesehen

Die Wanderung im Überblick:
Marteller Talschluss – Vordere Rotspitze – retour

Anreise: Im Bereich von Latsch/Goldrain die Vinschgauer Talstraße verlassend südseitig hinein ins Martelltal und durch dieses, zuletzt mit einigen Kehren, bis hinauf zu großen Parkplätzen im Talschluss

Ausgangspunkt: Marteller Talschluss

Höhenunterschied: 973 m

Gesamtgehzeit: 6 Std.

Orientierung und Schwierigkeit:
Für trittsichere und berggewohnte Geher nicht schwierig, wenn auch teilweise mühsam und steil

Einkehrmöglichkeiten: nur am Talort

Beste Jahreszeit:
Sommer – Frühherbst

Wanderkarten 1:50.000: Kompass, Blatt 72 (Ortler – Cevedale); Freytag-Berndt, Blatt S 6 (Ortlergruppe – Martell – Val di Sole). – 1:25.000: Tabacco, Blatt 045 (Latsch – Martell – Schlanders)

Am Gipfel der Vorderen Rotspitze, im Hintergrund die zentralen Ortlerberge

■ Die für den einigermaßen tüchtigen Berggeher nicht schwierige Besteigung der 3033 Meter hohen Vorderen Rotspitze erfolgt bis zum Gipfelkreuz auf markiertem, in einem abschüssigen Wegstück mit gut verankerten Halteseilen versehenem Pfad. Dank diesem Steig ist unser Berg, der vom teilweise rötlichen, eisenoxidhaltigen Aufbaugestein den Namen hat und schon während der Fahrt durch das innere Martelltal vor uns beherrschend auftaucht, einer der beliebtesten Dreitausender des Vinschgaus.

Von den Parkplätzen am Ende der Talstraße geht es zunächst auf breiter Brücke über die eindrucksvolle Schlucht der Plima, des Marteller Talbachs, und dann steigen wir ohne Umwege durch Lärchenwald bergan zur Baumgrenze.

Nun folgen blühende Grashänge, die den Vordergrund bilden für die immer majestätischer in den Himmel ragenden Eisgipfel der Ortlergruppe. Hier die üppige Vegetation des alpinen Rasens und dort die lebensfeindliche Welt aus Fels und Eis – ein ganz besonders eindrucksvoller Kontrast.

Ziemlich unvermittelt geht jedoch der Graswuchs in steiles Blockwerk und Geröll über, und es zieht eine steile Geröllrinne empor gegen den Gipfel. Aber der Steig ist auch hier gut ausgetreten, und an der unwegsamsten Stelle haben fleißige Hände die erwähnten Seilgeländer verankert.

Beim Kreuz auf der geräumigen Gipfelfläche bietet sich ein weitreichendes Panorama; drüben über Sulden zeigt sich das berühmte Dreigestirn mit Königsspitze, Zebrù und Ortler, und fast zum Greifen nahe liegt der Gramsenferner vor uns, einer der Eispanzer auf der Nordabdachung des Veneziakammes.

Und dann schenken wir auch den vielfältigen und farblich sehr unterschiedlichen Aufbaugesteinen und der artenreichen, einen hübschen Rasenteppich schmückenden Flora, die selbst in dieser Höhe noch blüht und gedeiht, unsere Aufmerksamkeit, bevor wir nach gebührender Rast wieder zu Tal steigen.

Blütenpracht auf der Rotspitze – der Felsen-Ehrenpreis

➡️ **Wegverlauf:** Vom Marteller Talschluss (2060 m; Ende der Landesstraße, in der Nähe Parkplätze und Gastbetriebe) stets der Beschilderung »Rotspitze« und der Markierung 31/37 folgend zuerst auf ebenem Fahrweg und dann auf mittelsteilem Fußweg durch Wald südwärts hinauf zu einer Wegkreuzung und zur Baumgrenze, auf dem Steig (nun Markierung 31) durch Grashänge weiter empor und schließlich durch eine steile Rinne über Blockwerk, Schutt und Schrofen (hier gute Seilgeländer) empor zum Gipfel (3033 m; ab Ausgangspunkt 3½ Std.). – Abstieg: Am sichersten über die Aufstiegsroute (2½ Std.).

Zur Zufall- und Marteller Hütte

Bergwanderung im Talschluss von Martell

Die Zufallhütte mit der nahen Kapelle

Die Wanderung im Überblick:
Marteller Talschluss – Zufallhütte – Marteller Hütte – retour

Anreise: Im Bereich von Latsch/Goldrain die Vinschgauer Talstraße verlassend südseitig hinein ins Martelltal und durch dieses, zuletzt mit einigen Kehren, bis hinauf zu großen Parkplätzen im Talschluss

Ausgangspunkt: Parkplätze im Marteller Talschluss

Höhenunterschied: 559 m

Orientierung und Schwierigkeit:
Für berggewohnte Wanderer leicht und problemlos

Gesamtgehzeit: ca. 3 – 3 ½ Std.

Einkehrmöglichkeiten: ja

Beste Jahreszeit:
Sommer – Frühherbst

Wanderkarten 1:50.000: Kompass, Blatt 72 (Ortler – Cevedale); Freytag-Berndt, Blatt S 6 (Ortlergruppe – Martell – Val di Sole). – **1:25.000:** Tabacco, Blatt 045 (Latsch – Martell – Schlanders)

■ Diese Wanderung führt uns vom innersten Martelltal in kurzem Aufstieg hinauf zur Zufallhütte und weiter zur bedeutend höher gelegenen Marteller Hütte. Es sind dies zwei voll bewirtschaftete Schutzhütten in zwar landschaftlich unterschiedlicher, aber in beiden Fällen schöner Lage.

Die stattliche, 1882 von der Alpenvereinssektion Dresden errichtete Zufallhütte befindet sich nur wenig oberhalb der Baumgrenze noch im Almgelände; ein Kirchlein und eine kleine Almhütte leisten dem weit über das Martelltal schauenden Schutzhaus Gesellschaft.

Die Marteller Hütte, das eigentlich Ziel der Wanderung, liegt rund eine Gehstunde höher. Zunächst steigen wir mit dem Blick zu hohen Wasserfällen, die von den Gletschern der Veneziaspitzen herabstäuben, hinan zu einer eindrucksvollen, um 1890 aus Felsblöcken zum Schutz vor den Ausbrüchen eines damaligen Gletschersees errichteten Staumauer, und von dort geht es am Südhang hinauf zur Marteller Hütte.

Auf einem Geländevorsprung gelegen, bietet auch sie einen weitreichenden Blick talaus, doch in erster Linie bestimmt das Panorama der vergletscherten Hochgipfel über dem Talschluss das Bild, und hier wiederum bestechen vor allem die Zufallspitzen und die Königsspitze.

Die Konzenlacke mit der Marteller Hütte

Bergkreuz bei der Marteller Hütte gegen die Königsspitze

Zum Bild der Marteller Hütte gehört auch die Konzenlacke, ein nahe der Hütte gelegener kleiner Bergsee, an dessen Ufer sich noch kleine Teppiche blühenden Bergrasens halten und der ganzen Hochgebirgsszenerie einen Hauch von Leben und Freundlichkeit verleihen.

Der Aufstieg vom Marteller Talschluss über die Zufallhütte zur Marteller Hütte, die übrigens einen wichtigen Stützpunkt für die Besteigung der Veneziaspitzen bildet, ist eine Tour, die sich jeder durchschnittlich gehgewohnte Wanderer zutrauen darf. Und landschaftlich gehört sie zweifellos zu den lohnendsten Bergwanderungen im gesamten Vinschgau.

▶ **Wegverlauf:** Vom Gasthof Enzian im Marteller Talschluss (2051 m; Parkplätze, hierher gute Asphaltstraße) auf dem gut beschilderten Fußweg in schöner, nur mäßig steiler Wanderung zur Waldgrenze und zur Zufallhütte (2265 m; ½ Std.). Von da nun auf dem Weg 150 westwärts hinauf zum alten Staudamm, hier von dem taleinwärts führenden Weg links ab, den Wegweisern »Marteller Hütte« folgend hinüber auf die andere Talseite, noch kurz talein und auf dem mit 103 markierten Steig etwas steil, aber problemlos in Serpentinen hinauf zur Marteller Hütte (2610 m). Ab Ausgangspunkt 1½ – 2 Std. – Der Abstieg erfolgt auf dem Anstiegsweg in knapp 1½ Std. (ab Staumauer kann auch orografisch rechts zum Ausgangspunkt abgestiegen werden).

Zum Burgbezirk Montani

Waalwanderung zwischen Latsch und Morter

Die Burg Obermontani zwischen Latsch und Morter

Die Wanderung im Überblick:
Latsch – Hotel Latscher Hof – Neuwaal – Burgen Montani – Mareinwaal – Gasthaus Bierkeller – Latsch

Anreise: Über die Vinschgauer Talstraße von West oder Ost nach Latsch

Ausgangspunkt: Latsch

Höhenunterschied: ca. 200 m

Gesamtgehzeit: 3½ – 4 Std.

Orientierung und Schwierigkeit: Für gehgewohnte Wanderer leicht und problemlos; die Wege gut markiert und beschildert

Einkehrmöglichkeiten: ja

Beste Jahreszeit: Frühjahr – Herbst

Wanderkarten 1:50.000: Kompass, Blatt 52 (Vinschgau); Freytag-Berndt, Blatt S 2 (Vinschgau – Ötztaler Alpen). – **1:25.000:** Tabacco, Blatt 045 (Latsch – Martell – Schlanders)

Ursprünglich
gebliebener
Abschnitt des
Mareinwaales

■ Zwischen den Ortschaften Morter und Latsch schiebt sich vom südseitigen Berghang ein eiszeitlicher Moränenrücken vor, der die beiden Burgruinen Unter- und Obermontani trägt. An seinem Fuß breiten sich Obstgüter aus, und westseitig fließt die Plima, der Marteller Talbach, der Etsch zu – sofern ihr das Stauwerk oben im genannten Tal dafür genügend Wasser lässt.

Die 1228 von Albert von Tirol als Trutzburg gegen die Bischöfe von Chur erbaute Burg Obermontani ist ein mächtiges, verhältnismäßig gut erhaltenes, aber weder bewohntes noch allgemein zugängliches Schloss, das unter anderem dafür bekannt ist, dass hier eine Handschrift des berühmten Nibelungenliedes aufgetaucht ist. Und als besonderes kunsthistorisches Kleinod befindet sich unweit der Burg die Stefanskapelle mit kostbaren gotischen Fresken im Innern.

Weit weniger mächtig, weit weniger gut erhalten, aber nicht weniger romantisch ist die ins 12. Jahrhundert zurückreichende Ruine Untermontani, deren von Palas, Toranlage und Bergfried stammenden Mauerreste immerhin noch recht hoch aufragen.

Über den Burghügel führt ein Wanderpfad, der sich gut mit zwei anderen Routen verbinden lässt, so dass sich eine lohnende Rundwanderung ergibt, bei der uns Informationstafeln in Form der sogenannten Schwellbretter so manches Interessante aus der Flurbewässerung von einst vor Augen führen.

Im ersten Teil dieser Rundwanderung folgen wir dem Begleitweg des ehemaligen Neuwaals, an dem noch sehenswerte, von früheren Waalbetreuern stammende Felszeichnungen erhalten sind. Und nachdem uns dieser Weg in schöner, großteils ebener Waldquerung zu den Burgen geführt hat und wir den Fuß des Burghügels erreicht haben, wandern wir durch Obstgüter und zuletzt durch Wald wieder zum Ausgangspunkt zurück und folgen dabei teilweise dem Gerinne des Mareinwaales.

Wegverlauf: Vom Dorfzentrum in Latsch (638 m) zunächst die Straße entlang südwärts hinauf zum Hotel Latscherhof (702 m; hierher auch mit dem Fahrzeug möglich). Dann dem Wegweiser »Montani« und der Markierung 5 folgend auf breitem Weg südwestwärts leicht ansteigend hinauf zum Waalweg (ca. 800 m), nun auf diesem (stets Markierung 5) in großteils ebener, nur einmal kurz ansteigender Waldquerung westwärts zu den erwähnten Felszeichnungen, wo bald darauf etwas unter dem Waal der Schlosshof von Montani liegt; nun noch kurz weiter, dann kurz hinunter und hinüber zum Schloss Obermontani (das Innere ist nicht zugänglich, um die nahe Stefanskapelle zu besichtigen, wende man sich an den genannten Hof), auf dem Steig 5 hinunter zur Ruine Untermontani und zum Nordfuß des Burghügels; bei der nun folgenden Wegteilung rechts ab, auf guten Wegen zuerst durch Obstgüter und dann durch Wald (hier folgt der Weg dem Mareinwaal) ostwärts zum Gasthaus Bierkeller (695 m) und auf schmaler Straße zurück zum Hotel Latscher Hof und nach Latsch.

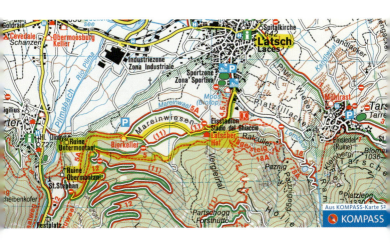

Hohes Marchegg und Tarscher Jochwaal

Rundwanderung im Gebiet der Almen von Tarsch und Latsch

Das Hohe Marchegg über den Almen von Tarsch und Latsch

Die Wanderung im Überblick:
Tarscher Alm – Hohes Marchegg – Tarscher Jochwaal – Tarscher Alm

Anreise: Über die Vinschgauer Talstraße von West oder Ost nach Latsch und südseitig über Tarsch hinauf zu den Parkplätzen der Umlaufbahn

Ausgangspunkt: Tarsch bzw. die Parkplätze der Umlaufbahn (die Errichtung der Bahn ist derzeit, Winter 2008/09, geplant)

Ausgangspunkt: Latsch bzw. Parkplatz ober Tarsch

Höhenunterschied: 616 m

Gesamtgehzeit: 3 ½ Std.

Orientierung und Schwierigkeit: Für durchschnittlich gehgewohnte Wanderer in jeder Hinsicht leicht und problemlos

Einkehrmöglichkeiten: ja

Beste Jahreszeit: Frühjahr – Herbst

Wanderkarten 1:50.000: Kompass, Blatt 52 (Vinschgau); Freytag-Berndt, Blatt S 2 (Vinschgau – Ötztaler Alpen). – **1:25.000:** Tabacco, Blatt 045 (Latsch – Martell – Schlanders)

■ Diese Tour führt uns in das Gebiet der Tarscher Alm und der dortigen Höhen. Dabei steigen wir von der genannten Alm, die in absehbarer Zeit mit der neuen Umlaufbahn erreichbar sein dürfte und Einkehrmöglichkeit bietet, vorbei am köstlichen Quellwasser der »Sieben Brunnen« hinauf zu einem weithin sichtbaren Wetterkreuz und zum Tarscher Pass, dem alten Übergang ins Ultental. Und von dort ist dann zwar weglos, aber rasch und problemlos der Gipfelsteinmann auf dem Hohen Marchegg und damit auch der höchste Punkt unserer Wanderung erreicht.

Dieser Gipfel ist zwar nicht besonders ausgeprägt, aber dafür absolut leicht zu besteigen. Und er ist dank seiner freien Lage im Kamm zwischen dem Vinschgau im Norden und dem Ultental im Süden eine Aussichtswarte ersten Ranges. Das Panorama umfasst die gesamten Berge auf der Vinschgauer Nordseite und einen erheblichen Teil des Ultner Südkammes, während sich im Westen der mächtige, vergletscherte Bergaufbau des über 3200 Meter hohen Hasenöhrls erhebt.

Die Ersteigung des Hohen Marcheggs lässt sich zu einer hübschen Rundwanderung ausdehnen, bei der wir zunächst über den Westrücken zum Latscher Joch absteigen und dort eine kulturgeschichtliche Sehenswürdigkeit ganz besonderer Art antreffen: die aus Steinen errichteten Aquäduktpfeiler des einstigen, zweieinhalb Kilometer langen Tarscher Jochwaales, mit dem man im 19. Jahrhundert das Bewässerungswasser von der Ultner Seite auf die Vinschgauer Seite herüberleitete. Es war dies einer der höchstgelegenen Bewässerungskanäle der Alpen – seine Fassung lag

Als Aquädukt ausgebildeter
Teil des Tarscher Jochwaales

in 2650 Meter Höhe unter dem Gletscher des Hasenöhrls! Umso erfreulicher, dass sein Verlauf noch über längere Strecken erhalten ist, auch wenn darin schon längst kein Wasser mehr fließt. Von den erwähnten Steinpfeilern, in deren Nähe eine einfache Wetterschutzhütte steht, steigen wir in Richtung Latscher Alm ab, um mit der Querung zur Tarscher Alm die Rundwanderung zu beenden.

Wegverlauf: Zunächst mit der neuen Umlaufbahn des Skicenters Latsch (Talstation oberhalb Tarsch in ca. 1200 m Höhe; die Inbetriebnahme der Bahn ist für 2009 geplant) hinauf zur Tarscher Alm (1935 m; Einkehrmöglichkeiten; zu Fuß hierher auf Weg 1 in 2 Std.). Nun stets der Markierung 1 folgend auf breitem Weg durch Grashänge mittelsteil hinauf zu einer Weggabel (2252 m), rechts auf dem Bergsteig, vorbei an einem Almstall und an den »Sieben Brunnen«, mittelsteil zu einem weithin sichtbaren Wetterkreuz in aussichtsreicher Lage und südwärts kurz weiter (stets Markierung 1) zum flachen Tarscher Pass (2517 m). Hier nun an beliebiger Stelle rechts (westseitig) ab und in kurzem, problemlosem Anstieg hinauf zum Höchstpunkt des Hohen Marcheggs (2551 m; ab Tarscher Alm 2 Std.). – Abstieg: Vom Hohen Marchegg über den Westrücken weglos, aber unproblematisch mäßig absteigend zu den Steinpfeilern am Latscher Joch (2507 m; der Name des Joches ist nicht in allen Karten verzeichnet), von da auf Steig 2 nordseitig steil, aber unschwierig hinunter zur Waldgrenze, weiter hinab zu Wegteilung (links geht es zur etwas tiefer gelegenen Latscher Alm mit Ausschank, von der auf Weg 2 in gut 1 Std. zur Talstation abgestiegen werden kann), hier rechts ab und auf Steig 9 die Waldhänge querend ostwärts hinüber zur Tarscher Alm (ab Latscher Joch ca. 1½ Std.). Schließlich mit der Umlaufbahn zurück zum Talort.

Der Latschander-Waalweg
Klassische Waalwanderung bei Latsch

Der Latschanderwaal bei Latsch mit seinem beliebten Wanderweg

Die Wanderung im Überblick:
Latsch – Latschanderwaal –
Kastelbell – retour

Anreise: Von Ost oder West durch den Vinschgau nach Latsch

Ausgangspunkt: Latsch

Höhenunterschied: gering

Gesamtgehzeit: ca. 2 ½ Std.

Orientierung und Schwierigkeit:
In jeder Hinsicht leichte und problemlose Wanderung

Einkehrmöglichkeiten: ja

Beste Jahreszeit:
Frühjahr – Spätherbst

Wanderkarten 1:50.000:
Kompass, Blatt 52 (Vinschgau);
Freytag-Berndt, Blatt S 2 (Vinschgau – Ötztaler Alpen). – **1:25.000:**
Tabacco, Blatt 04 (Schnalstal)

■ Bei der hier vorgeschlagenen Wanderung handelt es sich mehr um einen längeren Spaziergang als um einen richtigen Fußmarsch. Folgen wir doch dem beliebten Begleitweg jenes Vinschgauer Bewässerungskanals, der den Namen Latschanderwaal trägt und auf der Latscher Sonnenseite nahezu waagrecht die Hänge durchquert.

Dieser um 1872 angelegte Wasserlauf ist einer der bekanntesten Vinschgauer Waale. Mit einer Länge von rund acht Kilometern ist er aber auch einer der längsten und größten. Er bringt das Wasser der Etsch vom Goldrainer Gebiet im Westen hinaus nach Kastelbell und weiter bis in die Gegend von Galsaun.

Von Latsch aus erreichen wir in etwa zwanzig Gehminuten den westlichen Teil des Waales und spazieren dann großteils durch die von Gebüsch und Laubbäumen und zuletzt auch von Rebanlagen geprägten Hänge durchweg eben dahin. Meist fließt das Wasser in einem naturnah verbliebenen Bodenkanal, aber einmal quert es – durch Rohre geleitet – auch eine senkrechte Felswand. Doch so schwindelerregend diese Strecke ursprünglich auch war, so erfolgt heute die Querung dank breiter Stege und guter Geländer doch sicher und gefahrlos.

Nach dieser luftigen Stelle führt der Waal wieder durch steile Gebüschhänge, dann quert er lichte Rebanlagen, und nun öffnet sich der Blick hinunter auf Kastelbell, dessen Schloss ganz besonders ins Auge sticht. Aber die Aussicht umfasst auch den restlichen unteren Vinschgau und schweift sogar bis hinaus zum Meraner Gebiet.

Von da aus könnte man nach Kastelbell absteigen, um mit dem Linienbus zurück nach Latsch zu fahren, mindestens ebenso lohnend aber ist es, wieder neben

Denkmal für den Minnesänger Hans den Sager und Pfarrturm in Latsch, dem Ausgangspunkt unserer Wanderung

dem leise dahinmurmelnden Wasser und unter den schattenspendenden Laubbäumen zum Ausgangspunkt zurückzukehren.

▶ **Wegverlauf:** Von der Dorfmitte in Latsch (638 m) auf der nach Goldrain führenden Straße westwärts zum Dorfrand, hier rechts ab und nordwärts auf schmaler Verbindungsstraße den Bahnkörper und die Etsch querend hinüber zur Vinschgauer Talstraße, wo nur wenige Meter weiter westlich der Waalweg beginnt (Wegweiser); ab Latsch ca. 20 Min. – Nun auf dem schönen Waalweg (Markierung 3) zuerst Laubgehölze, dann die erwähnte Felswand und zuletzt Weinpergeln querend ostwärts bis zur Kreuzung mit dem nach Kastelbell absteigenden Weg 8; ab Waalwegbeginn knapp 1½ Std. Hier nun Umkehr (sofern nicht nach Kastelbell abgestiegen und mit einer Fahrmöglichkeit nach Latsch zurückgekehrt wird) und wieder auf dem Waalweg zurück, bis ihn ein Steig mit Wegweisern kreuzt. Auf diesem nun wenige Schritte hinab zur Straße (stark befahren, daher erhöhte Vorsicht!) und diese sowie die Etsch überquerend auf der Latscher Osteinfahrt zurück zum Ausgangspunkt.

Der gotische Flügelaltar von Jörg Lederer in der Spitalkirche von Latsch

Auf die Vermoispitze

Von St. Martin im Kofel zum bekannten Gipfel

Die Vermoispitze (rechts) von unserem Aufstiegsweg aus

Die Wanderung im Überblick:
St. Martin im Kofel – Vermoispitze – retour

Anreise: Im Vinschgau von Ost oder West nach Latsch und mit der Seilbahn nach St. Martin im Kofel

Ausgangspunkt: St. Martin im Kofel

Höhenunterschied: 1193 m

Gesamtgehzeit: 5 – 6 Std.

Orientierung und Schwierigkeit: Für gehtüchtige und bergerfahrene Wanderer unschwierig, teilweise aber sehr steil, daher gute Bergschuhe besonders wichtig!

Einkehrmöglichkeiten: ja, in St. Martin

Beste Jahreszeit: Frühsommer und Herbst, im Hochsommer heiß

Wanderkarten 1:50.000:
Kompass, Blatt 52 (Vinschgau); Freytag-Berndt, Blatt S 2 (Vinschgau – Ötztaler Alpen). – **1:25.000:** Tabacco, Blatt 04 (Schnalstal)

■ Der Besteigung der Vermoispitze geht bereits ein besonderes Erlebnis voraus, nämlich die Fahrt von Latsch mit der modernen Seilbahn hinauf nach St. Martin im Kofel.

Dieses St. Martin im Kofel besteht, wenn man von den Höfen in der weiteren Umgebung absieht, aus dem Kirchlein, wenigen Häusern und der Bergstation der Seilbahn mit der einladenden Gaststätte.

Dabei beeindruckt die Extremlage dieser Siedlung ebenso wie das viel bestaunte, förmlich an den Steilhang geklebte Martinskirchlein, das 1532 an der Stelle einer älteren Kapelle errichtet wurde. Doch dieses weist auch im Innern eine Besonderheit auf: eine kleine Felshöhle mit dem eigentlichen Gnadenbild des heiligen Martin, der seinen Mantel mit einem Bettler teilt. Daher sagt man »im« und nicht »am« Kofel.

Die Bergstation der Seilbahn in St. Martin ist der beste Ausgangspunkt für die Besteigung der Vermoispitze, liegt sie doch in gut 1700 Meter Höhe. Allerdings darf dies nicht darüber hinwegtäuschen, dass trotzdem noch 1200 Höhenmeter bewältigt werden wollen.

Die Höhe der Vermoispitze, die ihren Namen vom Bereich des an ihrem Südosthang abfließenden Vermoibaches hat, beträgt immerhin 2929 Meter, und der Anstieg ist zumindest in seinem letzten Abschnitt sehr steil. An-

Das Gipfelkreuz
auf der Vermoispitze

dererseits ist bis zum Gipfel ein ausgeprägter, gut markierter Steig vorhanden. So gibt es weder Orientierungsprobleme noch wirkliche Schwierigkeiten zu meistern.

Hat man schließlich das Gipfelkreuz erreicht, belohnt ein herrliches Rundpanorama die Mühen des Aufstiegs. Ortler, Bernina, Weißkugel, Similaun, Rieserferner, Südtiroler Dolomiten, Palagruppe – alles liegt im Blickfeld, und geradezu atemberaubend ist der Tiefblick auf den 2300 Meter unter uns liegenden Talgrund des Vinschgaus.

➡ **Wegverlauf:** Von Latsch im unteren Vinschgau zunächst mit der ganzjährig verkehrenden modernen Personenseilbahn hinauf nach St. Martin im Kofel (1736 m; Gasthaus bei der Bergstation). Von dort der Markierung 6/9 (früher 6/8) folgend durch Wiesen und Wald auf breitem Weg mäßig steil hinauf zu einem Wiesenboden mit einem Wasserspeicher und auf dem genannten Weg 6/9 durch Waldhänge mäßig steil weiter bis zur rechts abzweigenden Markierung 9 (ca. 2200 m); nun stets dieser und der Beschilderung »Vermoi« folgend auf dem mittelsteilen Steig durch Wald hinauf zur Baumgrenze und dann über die teils begrasten, teils steinigen und felsigen Hänge mit zunehmender Steilheit empor zum Gipfelkreuz (2929 m); ab St. Martin 3–3½ Std. – Der Abstieg erfolgt über die beschriebene Aufstiegsroute in ca. 2–2½ Std.

Zur Burgruine Hochgalsaun
Rundwanderung bei Kastelbell auf Burg- und Waalwegen

Die bizarren Mauerreste der Burg Hochgalsaun

Die Wanderung im Überblick:
Kastelbell – Burgruine Hochgalsaun – Latschanderwaal – Kastelbell

Anreise: Im Vinschgau von Ost oder West nach Kastelbell

Ausgangspunkt: Kastelbell

Höhenunterschied: 218 m

Gesamtgehzeit: ca. 2 ½ Std.

Orientierung und Schwierigkeit:
Das Gelände ist großteils steil und felsig, aber mit rutschfestem Schuhwerk problemlos begehbar

Einkehrmöglichkeiten:
am Ausgangsort

Beste Jahreszeit:
Frühling – Herbst

Wanderkarten 1:50.000:
Kompass, Blatt 52 (Vinschgau); Freytag-Berndt, Blatt S 2 (Vinschgau – Ötztaler Alpen). – 1:25.000: Tabacco, Blatt 04 (Schnalstal)

Das Schloss Kastelbell am Ausgangspunkt unserer Wanderung

■ Die Burgruine Hochgalsaun ist zwar nicht eine der bedeutendsten derartigen Anlagen des Vinschgaus, aber das bizarre Gemäuer ist ein beliebtes Wanderziel, zumal sich sein Besuch auf markierten Wegen mit der Begehung des östlichen Abschnitts des bekannten Latschanderwaals verbinden lässt. Und da wir die Wanderung in Kastelbell beginnen, bietet das dortige Schloss eine reizvolle Gegenüberstellung einer gut erhaltenen und einer zur Ruine herabgesunkenen Burg.

Das vermutlich von den Herren von Montalban im frühen 13. Jahrhundert erbaute und 1238 erstmals erwähnte Schloss Kastelbell liegt am Rand des gleichnamigen Dorfes; es enthält im Inneren keine besonderen Sehenswürdigkeiten, bestimmt aber ganz entscheidend das Gesamtbild der Gegend und bildet einen schönen Auftakt für unsere Wanderung.

Diese führt uns, am Schloss vorbei, mit wenigen Schritten hinauf zum Latschanderwaal, dem wir auf dem schönen Begleitweg kurz folgen, um dann auf hübschem Burgpfad zur kleinen Burgruine Hochgalsaun aufzusteigen, die oberhalb der Ortschaft Galsaun einen Felsvorsprung krönt und den höchsten Punkt unserer Wanderung darstellt.

Die von den Herren von Montalban erbaute Burg ist 1262 erstmals schriftlich bezeugt. 1423 wird sie in den Auseinandersetzungen zwischen dem Landadel und Herzog Friedrich, dem Landesfürsten, von Letzterem belagert, da erbittet sich – so weiß es die berührende, aber auch anderwärts angesiedelte Sage – die Schlossherrin freien

Abzug mit dem, was sie tragen könne. Friedrich gewährt ihr die Bitte und die Schlossherrin verlässt unbehelligt die Burg – mit ihrem Mann auf dem Rücken …

Für den Abstieg vom schroffen Burgfelsen wählen wir nicht den Aufstiegsweg, sondern den ostseitigen Burgpfad. Er führt uns wieder hinunter zum schönen Begleitweg des Latschanderwaals, und dieser bringt uns wieder nach Kastelbell zurück.

Der Latschander-Waalweg zwischen Kastelbell und Galsaun

➡ **Wegverlauf:** Von Kastelbell (577 m) zuerst der Beschilderung »Waal« folgend auf Weg 4 nordnordostwärts hinauf zum Latschanderwaal und auf seinem Begleitweg kurz ostwärts; dann aber bald den Waalweg bergseitig verlassend (Wegweiser »Hochgalsaun«) und der Markierung folgend auf einem in nur leichtem Anstieg die Steilhänge querenden Steig ostwärts hinauf zum Sattel, der den Berghang mit dem Burgfelsen verbindet, und damit zur unmittelbar daneben befindlichen Burgruine (795 m); ab Kastelbell rund 1 Std. – Abstieg und Rückkehr: Vom erwähnten kleinen Sattel auf dem ostseitigen, ebenfalls markierten Felssteig steil, aber problemlos hinunter zum Latschanderwaal und auf dessen gutem Begleitweg (Markierung 3) in ebener Wanderung westwärts zurück zum Ausgangspunkt. Ab Hochgalsaun gut 1 Std.

Von Tschars zum Schloss Juval

Rundwanderung auf den Begleitwegen der Schnalswaale

Das bekannte Schloss Juval, unser Wanderziel

Die Wanderung im Überblick:
Tschars – Tscharser Schnalswaal – Schloss Juval – Stabener Schnalswaal – Tschars

Anreise: Drei Kilometer östlich von Kastelbell die Vinschgauer Talstraße nordseitig verlassend kurz hinauf nach Tschars

Ausgangspunkt: Tschars

Höhenunterschied: 302 m

Gesamtgehzeit: 3 Std.

Orientierung und Schwierigkeit:
Leicht und problemlos, die Wege sind ausreichend beschildert.

Einkehrmöglichkeiten: ja

Beste Jahreszeit:
Frühjahr – Herbst

Wanderkarten 1:50.000:
Kompass, Blatt 52 (Vinschgau); Freytag-Berndt, Blatt S 2 (Vinschgau – Ötztaler Alpen). – **1:25.000:** Tabacco, Blatt 04 (Schnalstal)

■ Fährt man von Ost nach West durch den unteren Vinschgau, so fällt hoch oben über dem Dörfchen Staben das breit hingelagerte Schloss Juval auf; und ein gutes Stück weiter westlich zeichnet sich etwas erhöht am sonnseitigen Hang gegen den Himmel die unverkennbare Silhouette des Zwiebelturms von Tschars ab.

Das Dorf Tschars ist nun der Ausgangspunkt unserer Wanderung, Schloss Juval das Ziel, und unsere Wanderroute folgt dem Begleitweg des in der ersten Hälfte des 16. Jahrhunderts erbauten, aus dem Schnalstal kommenden Tscharser Schnalswaales. Es ist dies einer der prächtigsten Vinschgauer Waalwege.

Von Tschars also steigen wir hinauf zu diesem Waal, wandern auf seinem Begleitweg gegen die Fließrichtung des Wassers ostwärts, erreichen schließlich ein paar Hofschenken und steigen hinauf zum Schloss Juval, das zeitweise im Rahmen von Führungen besichtigt werden kann. Das Schloss, dem der Eigentümer Reinhold Messner seinen eigenwilligen Stempel aufgedrückt hat, ist heute Teil des »Messner Mountain Museum« und als solcher dem religiösen Zugang zum Berg gewidmet.

Die Burg wurde wahrscheinlich von Hugo von Montalban um die Mitte des 13. Jahrhunderts erbaut. Nach einer wechselvollen Geschichte der im 16. Jahrhundert zu einem Prachtschloss ausgebauten Anlage und dem teilweisen baulichen Niedergang erfolgten um 1925 durch William Rowland und in jüngster Zeit durch Reinhold Messner umfangreichere Instandsetzungsarbeiten.

Für die Rückkehr nach Tschars wählen wir nicht mehr den Tscharser Schnalswaal, sondern steigen

Der Tscharser Schnalswaal zwischen Tschars und Schloss Juval

über den alten Schnalser Weg ein Stück gegen Staben ab und folgen dann dem Begleitsteig des kleineren Stabener Schnalswaales. So schließt sich in Tschars unsere Runde, die trotz ihrer beachtlichen Länge als vergleichsweise bequem bezeichnet werden darf.

Blick vom Tscharser Schnalswaal auf Tschars und seine Bewässerungsanlagen

▶ **Wegverlauf:** Vom Dorfplatz in Tschars (625 m) der Markierung 1A folgend in mittelsteilem Anstieg in rund 20 Minuten hinauf zum Schnalswaal (hier verschiedene Wegweiser), dann rechts der Markierung 3 folgend auf dem teils ebenen, teils leicht ansteigenden, zuerst durch Laubgehölze und später durch freie Hänge führenden Waalweg ostwärts zum Sonnenhof und zum nahen Schlosshof (ca. 830 m; in beiden Einkehrmöglichkeit) und von da auf einem romantischen Weg in rund 20 Minuten hinauf zum Schloss Juval (927 m); ab Tschars knapp 1½ Std. – Rückkehr nach Tschars: Vom Schloss auf dem Pflasterweg 1 hinunter zum Sonnenhof, weiter hinunter bis zum querenden Stabener Schnalswaal, hier rechts ab, auf dem Stabener Waalsteig westwärts bis zum Ende des Waales, dann auf breitem Weg zum Hof Falzrohr und schließlich, an Gastbetrieben vorbei, auf geteertem Sträßchen zurück nach Tschars.

Zum Saxalbersee in Schnals

Einsames Wanderziel hoch über Karthaus

Der Saxalbersee oberhalb Karthaus in Schnals

Die Wanderung im Überblick:
Karthaus – Klosteralm – Saxalbersee – retour

Anreise: Bei Naturns von der Vinschgauer Talstraße abzweigend in das Schnalstal und dann links kurz nach Karthaus

Ausgangspunkt: Karthaus

Höhenunterschied: 1150 m

Gesamtgehzeit: ca. 5 – 6 Std.

Orientierung und Schwierigkeit:
Für gehgewohnte Bergwanderer leicht und problemlos

Einkehrmöglichkeiten: ja

Beste Jahreszeit:
Sommer – Frühherbst

Wanderkarten 1:50.000:
Kompass, Blatt 52 (Vinschgau); Freytag-Berndt, Blatt S 2 (Vinschgau – Ötztaler Alpen). – **1:25.000:**
Tabacco, Blatt 04 (Schnalstal)

Der berühmte Kreuzgang in Karthaus

■ Der nahezu 2500 Meter hoch gelegene Saxalbersee (auch Saxalbsee geschrieben), der nach dem Hof Saxalb benannt ist, befindet sich hoch oben auf der Westseite des Schnalser Tales.

Unser Zugang beginnt im sehenswerten Dorf Karthaus und führt in etwa dreieinhalb Stunden über die Klosteralm zum See. Das ist kein kurzer Spaziergang, aber wer will, kann zumindest teilweise der bequemen Almzufahrt folgen, auch wenn der stets durch hochstämmige Lärchenwälder ansteigende alte Fußweg nicht nur bedeutend kürzer, sondern auch schöner ist.

Wer nicht hastet, wird jedenfalls ohne besondere Anstrengung die Klosteralm erreichen, eine sonnige Wiesenrodung im Bereich der letzten Lärchen und Zirben. Der Name der Alm erinnert an ihre Zugehörigkeit zum einstigen Kartäuserkloster Allerengelberg, dessen ausgedehnter Kreuzgang mit den kleinen Mönchszellen noch im Dorf Karthaus erhalten ist und jeden Besucher beeindruckt.

Nach mindestens zweistündigem Aufstieg haben wir uns eine Rast auf der Alm verdient. Dann aber geht es weiter, und in einer weiteren knappen Stunde über freie Berghänge ansteigend haben wir ihn erreicht, den schönen, in ein steilwandiges Felsbecken gebetteten Bergsee unter dem Bergmassiv der Trumser Spitze.

Die Klosteralm am Weg von Karthaus zum Saxalbersee

Mit einer Länge von rund 200 Meter und einer Breite von etwa 100 Meter gehört er zu den stattlicheren Bergseen des Vinschgaus, und er scheint auch ziemlich tief zu sein. Doch genauso wie seine Größe und Tiefe beeindruckt auch die einsame Lage in einer urweltlichen, schon recht vegetationsarmen Hochgebirgsumrahmung.

Für den Abstieg wählen wir den im Aufstieg benützten Weg über die Klosteralm. Zwar führt ein Pfad auch gerade hinunter zum erwähnten Saxalbhof, doch der Pfad ist sehr steil, und außerdem liegt der Hof von Karthaus zu weit entfernt, als dass sich hier die Möglichkeit zu einer lohnenden Runde bieten würde.

▶ **Wegverlauf:** Vom Dorf Karthaus im Schnalstal (1327 m) der Markierung 23 und der Beschilderung »Klosteralm« folgend auf dem alten Fußweg (im oberen Teil auch über die Forststraße möglich) durch Lärchenwälder großteils mittelsteil hinauf zur Klosteralm (2152 m; Einkehrmöglichkeit); ab Karthaus knapp 2½ Std. Von der Alm dann weiterhin auf Steig 23 über teils steinige, teils begraste Hänge zuerst gerade hinauf zu Wegteilung (rechts geht 23 A zur Kreuzspitze, 2576 m), hier links weiter und die Hänge mäßig steil querend auf dem Steig 23 hinauf zum See (2465 m; ab Almhütte 1 Std.) – Abstieg: Am besten über die beschriebene Aufstiegsroute (2 Std.).

Mastaunhof und Mastaunalm

Gemütliche Hof- und Almwanderung von Unser Frau aus

Die Mastaunalm im gleichnamigen Schnalser Seitental

Die Wanderung im Überblick:
Unser Frau in Schnals – Mastaunhof – Mastaunalm – retour

Anreise: Bei Naturns von der Vinschgauer Talstraße abzweigend in das Schnalstal und durch dieses bis nach Unser Frau

Ausgangspunkt: Unser Frau in Schnals

Höhenunterschied: 302 m

Gesamtgehzeit: knapp 2 Std.

Orientierung und Schwierigkeit: In jeder Hinsicht leicht und problemlos

Einkehrmöglichkeiten: ja

Beste Jahreszeit: Sommer – Herbst

Wanderkarten 1:50.000: Kompass, Blatt 52 (Vinschgau); Freytag-Berndt, Blatt S 2 (Vinschgau – Ötztaler Alpen). – **1:25.000:** Tabacco, Blatt 04 (Schnalstal)

■ Das Ziel dieser Wanderung ist die noch unterhalb der Baumgrenze liegende Mastaunalm im gleichnamigen Hochtal, das bei Unser Frau westseitig vom Schnalstal abzweigt und hinaufzieht zu einem bis über 3000 Meter hohen Bergkranz. Es ist dies ein einsames Hochtal mit seinem rauschenden, kristallklaren Bach.

Unser Anstieg, der am Kirchhügel von Unser Frau beginnt, steigt durch hochstämmigen Lärchenwald zu dem seit 1356 urkundlich fassbaren Mastaunhof an, der neben dem Bach am Rand steiler Wiesen aussichtsreich auf einer kleinen Geländeschulter und inmitten seines ausgedehnten Grundbesitzes liegt.

Nachdem wir vielleicht bereits in dessen Hofschenke eine erste Einkehr gehalten haben, folgen wir weiter dem teilweise von Sträuchern und Steinmauern gesäumten und mit Steinplatten ausgelegten alten Weg, der erfreulicherweise in seinem ursprünglichen Zustand erhalten geblieben ist.

Dann durchqueren wir eine Wiese und noch einmal die für das Schnalstal so typischen lichten Lärchenbestände – und plötzlich liegt die kleine Rodung der Mastaunalm vor uns.

Am sonnigen Wiesenhang stehen zwei wettergebräunte, altehrwürdige kleine Gebäude, wo ebenfalls Einkehrmöglichkeit geboten wird. Im flachen Talboden liegt

Der Weg von Unser Frau in Schnals zur Mastaunalm

Indiz für jahrtausendealte Begehung: Silexgerät – ein sogenannter Schaber – aus dem Mastauntal

eine große umzäunte Wiese, und rundherum steht, wo das Gelände nicht zu steil und zu felsig ist, noch schöner Lärchenwald, der sich erst talaufwärts allmählich auflöst.

Bei genauerem Hinsehen fällt uns auf, dass die beiden Blockbauten weniger wie gewöhnliche Almhütten aussehen als vielmehr wie ein kleiner Paarhof. Und tatsächlich handelte es sich einst um ein ganzjährig bewohntes und bewirtschaftetes Bauernhöfl, das freilich schon längst in eine Alm umgewandelt worden ist.

Wann hier eine allererste Behausung errichtet wurde, wissen wir nicht, doch ist durch Funde nachgewiesen, dass das Mastauntal schon in der Mittelsteinzeit von Menschen begangen wurde – und damit einige Jahrtausende bevor wir auf ihren Spuren zur Mastaunalm wandern.

▶ **Wegverlauf:** Vom Kirchplatz in Unser Frau in Schnals (1508 m) stets der Markierung 17 A (früher Nr. 17) und den Wegweisern »Mastaunalm« folgend zum westlichen Dorfrand, dann auf dem alten Weg mäßig ansteigend durch Waldhänge hinauf zum Mastaunhof (1643 m, Jausenstation) und von da teils auf dem alten Weg, teils auf dem ungeteerten Fahrweg durch steile Wiesen und weniger steile Lärchenbestände großteils mäßig steil hinauf zur Mastaunalm (1810 m; Ausschank); ab Ausgangspunkt 1 Std. – Der Abstieg erfolgt über den beschriebenen Aufstiegsweg in etwa ¾ Std.

Auf den Kortscher Schafberg
Von Kurzras über die Hungerschartenseen zum Gipfel

Der Obere Hungerschartensee mit dem Kortscher Schafberg

Die Wanderung im Überblick: Kurzras – Taschljöchl – Hungerschartenseen – Kortscher Schafberg – retour

Anreise: Durch das Schnalstal nach Kurzras

Ausgangspunkt: Kurzras

Höhenunterschied: 1114 m

Gesamtgehzeit: 6 – 7 Std.

Orientierung und Schwierigkeit: Für selbständige Bergwanderer unschwierig; die Querung vom Taschljöchl zu den Hungerschartenseen erfordert erhöhte Vorsicht.

Einkehrmöglichkeiten: nur im Talbereich

Beste Jahreszeit: Sommer, Frühherbst

Besonderer Hinweis: Die Heilbronner Weganlage vom Taschljöchl zum Schafberg wurde in der Vergangenheit nicht mehr instand gehalten. Daher Erkundigung ratsam, ob sich daran etwas geändert hat!

Wanderkarten 1:50.000: Kompass, Blatt 52 (Vinschgau) – Freytag-Berndt, Blatt S 2 (Vinschgau – Ötztaler Alpen) – **1:25.000:** Tabacco, Blatt 04 (Schnalstal)

■ Der Kortscher Schafberg ist zwar 3115 Meter hoch, aber seine leichte Ersteigbarkeit und die am alten Alpenvereinsweg gelegenen Hungerschartenseen machen ihn zu einem lohnenden Tourenziel auch für sogenannte »Normalbergsteiger«.

Wir beginnen die Tour in Kurzras im innersten Schnalstal und wandern zunächst kurz talaus zum 2000 Meter hoch gelegenen Wieshof; dann geht es durch den Bergwald hinein zu den grünen, von rauschenden Wassern durchflossenen und von der markanten Lagaunspitze überragten Weideböden des Lagauntals, das schon vor Jahrtausenden die Menschen der Urzeit zur Rast einlud, wie entsprechende Funde belegen.

Am Gipfel des Kortscher Schafberges

Nun beginnt der steile Aufstieg zum Taschljöchl, dem uralten Übergang ins Schlandrauntal und damit in den mittleren Vinschgau. Dort haben die Alpenvereinsleute von Schlanders dankenswerterweise erst unlängst eine massive Unterstandshütte aufgestellt, und unweit davon befinden sich die Mauerreste der 1910 erbauten und 1933 abgebrannten Heilbronner Hütte – früher einmal ein stattliches Schutzhaus.

Vom Taschljöchl blicken wir hinunter zum Kortscher See und zur Schwarzen Lacke, doch nicht sie, sondern die beiden, weiter im Westen inmitten einer unberührten Hochgebirgslandschaft gelegenen Hungerschartenseen sind unser nächstes Ziel, zu dem wir über einen seinerzeit vom Heilbronner Alpenverein angelegten, die Hänge querenden Weg gelangen.

Aber diese Weganlage endet nicht bei den Seen, sondern führt uns von dort weiter bis auf den Kortscher Schafberg, dem einstigen Hausberg der Heilbronner Hütte.

Ist der Kortscher Schafberg, dessen prächtige Aussicht einerseits weit nach Süden reicht und anderseits in weniger großer Entfernung die Hochgipfel der Schlandrauner Gruppe und des Ötztaler

Hauptkammes umfasst, ohnehin nicht schwierig ersteigbar, so tut die alte Heilbronner Weganlage ein Übriges und macht ihn so zu einem der leichtesten Dreitausender überhaupt.

▶ **Wegverlauf:** Von Kurzras (2011 m) auf Steig 4 am westlichen Talhang in rund 15 Min. talaus zum Wieshof (2001 m, Jausenstation; die Tour kann auch hier begonnen werden), weiterhin auf dem Waldsteig 4 nur leicht ansteigend südwärts hinein ins Lagauntal (2170 m) und in Serpentinen über steindurchsetzte Grashänge steil empor ins Taschljöchl (2772 m; hier ein massiver Notunterstand; ab Kurzras 3 Std.). Nun auf dem unmarkierten, aber unübersehbaren Hangweg in ebener, stellenweise leicht ausgesetzter Querung der Steilflanken westwärts, dann kurz abwärts zum unteren (2713 m) und in wenigen Minuten hinauf zum oberen Hungerschartensee (2778 m; ab Taschljöchl ½ Std.); schließlich vom östlichen Seeufer auf dem Fußpfad zuerst leicht ansteigend zu einer Kammsenke und dann westwärts über den breiten Bergrücken auf der hier mit Steinmännchen bezeichneten Weganlage problemlos hinauf und, bei einer Wegteilung links bleibend, problemlos zum höchsten Punkt der ausgedehnten Gipfelzone (3115 m; ab oberem See 1 Std.). – Der Abstieg erfolgt über die beschriebene Aufstiegsroute in insgesamt rund 3 Std.

Höfewanderung im Schnalstal

Siedlungslandschaft am Vernagter Stausee

Der Vernagter Stausee gegen die Berge über dem Schnalser Talschluss

Die Wanderung im Überblick:
Vernagt – Tisenhof – Rafein – Finail – Vernagt

Anreise: Bei Naturns von der Vinschgauer Talstraße abzweigend in das Schnalstal und durch dieses bis nach Vernagt

Ausgangspunkt: Vernagt

Höhenunterschied: 254 m

Gesamtgehzeit: ca. 3 Std.

Orientierung und Schwierigkeit:
Für etwas gehgewohnte Wanderer in jeder Hinsicht leicht und problemlos

Einkehrmöglichkeiten: ja

Beste Jahreszeit:
Frühsommer – Herbst

Wanderkarten 1:50.000: Kompass, Blatt 52 (Vinschgau); Freytag-Berndt, Blatt S 2 (Vinschgau – Ötztaler Alpen). – **1:25.000:** Tabacco, Blatt 04 (Schnalstal)

■ Die Gegend von Vernagt am gleichnamigen Stausee ist dank markierter Wege und interessanter Ziele ein lohnendes Wandergebiet. Die hier vorgestellte Rundwanderung lässt uns eine der höchstgelegenen Höfelandschaften der Alpen kennen lernen, was man angesichts des ziemlich hoch gelegenen Ausgangspunktes allerdings kaum merkt.

Bei dieser Rundtour durchwandern wir die Sonnenhänge des mittleren Schnalstales und umrunden anschließend den Vernagter Stausee. Dabei kommen wir an verstreuten, von ausgedehnten Wiesen umgebenen Bergbauernhöfen mit fast oder ganz in Holz erbauten Wohnhäusern und Wirtschaftsgebäuden vorbei, aber wir durchqueren auch jene lichten Lärchenbestände, die für das Schnalstal so charakteristisch und im Frühjahr und Herbst so besonders schön sind.

Der erste Hof, zu dem wir nach kurzem Aufstieg gelangen, ist der weithin sichtbare Tisenhof, an dem auch der zur Similaunhütte ansteigende Weg vorbeiführt. Dann queren wir den Bach und kommen zum baulich ähnlichen Rafeinhof, und nach längerer Querung gelangen wir schließlich zum Finailhof (auch Fineilhof geschrieben), wo im 15. Jahrhundert der Herzog Friedrich »mit der leeren Tasche« vor den Häschern unbotmäßiger Adeliger Zuflucht gefunden und dafür einen kostbaren Silberbecher hinterlassen haben soll.

Diese Höfe, die bis zum allgemeinen Niedergang des alpinen Getreideanbaus als höchstgelegene Kornhöfe Europas

Der Finailhof, einer der Bergbauernhöfe entlang unserer Rundwanderung

galten, schauen bereits seit Jahrzehnten auf den Wasserspiegel des Vernagter Stausees hinab, der bei voller Wassermenge mit dem Saldurmassiv im Hintergrund ein prächtiges Landschaftsbild bietet und eine Attraktion des Tales darstellt.

Und uns Wanderern bietet er die Möglichkeit zu einer hübschen Seenrunde. Denn ein Stück nach dem Finailhof überqueren wir mittels einer luftigen Hängebrücke die Schlucht des tosenden Talbaches, und dann wandern wir, immer dem Südufer des Sees entlang, auf einem netten Weg wieder hinaus nach Vernagt.

➡️ **Wegverlauf:** Vom ersten Parkplatz in Vernagt am gleichnamigen Stausee (1698; unweit davon Gastbetriebe) dem Wegweiser »Tisenhof« folgend auf dem geteerten Zufahrtssträßchen (Markierung 2) nur leicht ansteigend durch die Wiesenhänge hinan bis fast zum Tisenhof (1822 m, Jausenstation), links auf dem Sträßchen (nun Markierung 7) weiter zum Bach und zum Rafeinhof (1886 m, auch Raffein geschrieben), und von da auf dem stellenweise schmalen, aber guten Steig 7 in weitgehend ebener Querung der Gras- und Lärchenhänge hinein zum Gehöft Finail (1952 m; ab Ausgangspunkt knapp 1 Std.). Nun auf der geteerten Zufahrt kurz abwärts bis zur ersten Kehre, dort rechts ab, dem Wegweiser »Gerstgraserhöfe« folgend auf dem Steig 8 die Waldhänge leicht abwärts querend zur Schnalser Talstraße, hier links ab, kurz hinunter zu Wegteilung, hier scharf rechts über eine Holztreppe hinauf zur erwähnten Hängebrücke, nach deren Überquerung in weitgehend ebener Hangquerung auf dem Steig 13 A in Seenähe hinaus zum Staudamm und über die Dammkrone zurück zum Parkplatz.

Zur Similaunhütte

Hochalpines Wanderziel für jedermann

Das Niederjoch mit Similaunhütte und Finailspitze

Die Wanderung im Überblick: Vernagt – Tisenhof – Similaunhütte – retour

Anreise: Von Naturns in das Schnalstal und durch dieses nach Vernagt am gleichnamigen Stausee

Ausgangspunkt: Vernagt am gleichnamigen Stausee

Höhenunterschied: 1307 m

Gesamtgehzeit: 7 Std.

Orientierung und Schwierigkeit: Bei guten Verhältnissen für bergerfahrene und ausdauernde Geher unschwierig; die Wege gut markiert und beschildert

Besonderes Tourenziel von der Hütte aus: Ötzi-Fundstelle am Tisenjoch (3200 m, schmale Steinpyramide) – markierter und teilweise seilversicherter Felssteig, gut 1 Std., nicht schwierig, aber nur für trittsichere Geher bei schneefreien Verhältnissen!

Einkehrmöglichkeiten: ja

Beste Jahreszeit: Hochsommer

Wanderkarten 1:50.000: Kompass, Blatt 52 (Vinschgau); Freytag-Berndt, Blatt S 2 (Vinschgau – Ötztaler Alpen). – **1:25.000:** Tabacco, Blatt 04 (Schnalstal)

■ Vom Schnalstal führen zwei viel benützte Übergänge hinüber ins Ötztal: von Kurzras das Hochjoch und von Vernagt das Niederjoch. Über beide Jöcher wandern seit eh und je allsommerlich beachtliche Schafherden zu den Ötztaler Weidegründen.

Die Similaunhütte gegen Niederjochferner und Similaun

Am Niederjoch steht in gut 3000 Meter Höhe die Similaunhütte und damit unser Wanderziel. Das Joch hat den Namen vom jenseitigen Niedertal, die Hütte hingegen vom 3600 Meter hohen Similaun, der mit seinem Gletscher das Bild beherrscht.

Die 1899 von Serafin Gurschler aus Kurzras erbaute Hütte ist ein wichtiger Stützpunkt für Hochtouren, sie ist ein beliebtes Wanderziel, und sie ist der Ausgangspunkt für jenen gesicherten Klettersteig, der in gut einstündigem Auf und Ab zum 3200 Meter hohen Tisenjoch und damit zum Fundort der 5300 Jahre alten, heute im Bozner Archäologiemuseum befindlichen Gletschermumie »Ötzi« führt. Dort erinnert ein großer Steinmann an die 1991 erfolgte Entdeckung durch das Ehepaar Erika und Helmut Simon aus Nürnberg.

Der Aufstieg zur stattlichen Similaunhütte beginnt im Dörfchen Vernagt am gleichnamigen Stausee. Zuerst geht es zum weithin sichtbaren Tisenhof und durch einen steilen Lärchenbestand, dann durch das vom rauschenden Bach, mageren Bergrasen und viel Blockwerk gekennzeichnete Tisental und zum Schluss durch eine felsige Flanke. So ermöglicht dieser zwar rund vierstündige, aber für einigermaßen gehtüchtige und höhentaugliche Wanderer unschwierige Weg auch dem »Normalbergwanderer« den Besuch eines 3000 Meter hohen Tourenzieles im vergletscherten Hochgebirge.

An einem windstillen Hochsommertag vor dem Schutzhaus zu sitzen und das Bild der umliegenden Hochgebirgsszenerie auf sich wirken zu lassen – das gehört wohl ohne jeden Zweifel zu den ganz besonderen Erlebnissen eines jeden Wanderers.

▶ **Wegverlauf:** Von Vernagt am gleichnamigen Stausee im Schnalstal (1711 m) stets der Beschilderung »Similaunhütte« folgend zuerst in ca. 20 Minuten auf der Höfestraße (Markierung 2) nordwärts hinauf zum Tisenhof (1822 m, Jausenstation), dann stets auf dem Fußweg 2 im einsamen Tisental in langem, großteils mittelsteilem Anstieg zuerst durch schütteren Lärchenwald, dann über steiniges Grasgelände und über Moränenschutt hinauf zum Fuß einer steilen Felsflanke und schließlich durch diese auf gut angelegtem, unschwierigem Weg teilweise in Serpentinen empor zur Similaunhütte am Niederjoch (3019 m; großes Schutzhaus mit 100 Schlafplätzen); ab Vernagt 4 Std. – Der Abstieg erfolgt über die beschriebene Anstiegsroute in ca. 3 Std.

Zum Eishof im Pfossental
Wanderung durch ein faszinierendes Hochtal

Das innere Pfossental mit dem Eishof gegen die Hohe Weiße

Die Wanderung im Überblick:
Vorderkaser – Mitterkaser – Rableid – Eishof – retour

Anreise: Bei Naturns von der Vinschgauer Talstraße abzweigend in das Schnalstal und von diesem abzweigend ins Pfossental bis Vorderkaser

Ausgangspunkt:
Vorderkaser im Pfossental

Höhenunterschied: 377 m

Gesamtgehzeit: ca. 3 Std.

Orientierung und Schwierigkeit:
In jeder Hinsicht leicht und problemlos

Einkehrmöglichkeiten: ja

Beste Jahreszeit:
Sommer – Herbst

Wanderkarten 1:50.000:
Kompass, Blatt 52 (Vinschgau); Freytag-Berndt, Blatt S 2 (Vinschgau – Ötztaler Alpen). – 1:25.000: Tabacco, Blatt 04 (Schnalstal)

■ Bis nach Vorderkaser im mittleren Pfossental kutschieren wir im fahrbaren Untersatz. Hier aber ist Schluss mit dem Kutschieren, und so gehört der breite Talweg durch das innere Pfossental den Wanderern, die denn auch sehr zahlreich diesen besonders schönen Teil des Naturparks Texelgruppe besuchen.

Das Pfossental, ein ostseitiger Seitenast des Schnalstales, ist im äußeren Teil steil und schmal, doch taleinwärts wird es zunehmend breiter und freundlicher. Ausgedehnte Bergwiesen ziehen sich hin, rechts und links freilich gesäumt von den steilen Bergflanken, die zu den Dreitausendern des Ötztaler Hauptkammes und der Texelgruppe ansteigen. Über dem Talschluss ragt die aus Marmor aufgebaute Hohe Weiße auf, da und dort stürzen Wasserfälle zu Tal, ganz oben haften Schneefelder und kleine Gletscher.

Nicht weit voneinander getrennt liegen drei stattliche Almgebäude mit Einkehrmöglichkeit an unserem Weg: zuerst Mitterkaser, dann Rableid und schließlich der legendäre, sage und schreibe 2070 Meter hoch gelegene Eishof.

Heute sind dies nur sommersüber bewirtschaftete Almen, doch einst waren es ganzjährig bewohnte Bauernhöfe. Das wissen wir aus schriftlichen Quellen, und ganz besonders erinnert der Name des bereits seit dem 13. Jahrhundert urkundlich belegten und bis zum Ende des 19. Jahrhunderts ganzjährig bewohnten Eishofes daran.

Er war berühmt als höchster Bauernhof der Ostalpen und sogar als einer der höchsten der gesamten

Krainer Greiskraut, Vertreter der reichen Alpenflora im Pfossental

Alpen. Ein Schadenfeuer hat vor einigen Jahrzehnten leider die damalige Bausubstanz zerstört, aber die daraufhin wieder errichteten Baulichkeiten entsprechen weitgehend dem früheren Paarhof.

All das macht den Gang ins innere Pfossental zu einem landschaftlichen, aber auch zu einem kultur- und siedlungsgeschichtlichen Erlebnis von besonderem Seltenheitswert und großer Eindruckskraft.

Von Dreitausendern überragte bergbäuerliche Kulturlandschaft im Pfossental

 Wegverlauf: Von Vorderkaser im Pfossental (1693 m; Gastwirtschaft, Parkplätze) auf dem breiten, nicht geteerten Güterweg (Markierung 24, früher 39), der größtenteils dem alten Talweg folgt, nur mäßig ansteigend durch Lärchenbestände talein zum ehemaligen Hof Mitterkaser (1954 m, Jausenstation, ab Vorderkaser 1 Std.), durch Wiesenhänge eben bis leicht ansteigend kurz weiter zur Rableid-Alm (2004 m, ebenfalls Jausenstation und ehemaliger Bauernhof) und in hübscher Wanderung weiter talein zum Eishof (2070 m; Gaststätte); ab Vorderkaser 1½ – 2 Std. – Die Rückkehr nach Vorderkaser erfolgt auf dem beschriebenen Hinweg in knapp 1½ Std.

Der Naturnser Wallburgweg
Begleitweg eines ehemaligen Bewässerungswaales

Blick von der Aussichtskanzel »Wallburg« auf Naturns und den unteren Vinschgau

Die Wanderung im Überblick:
Naturns – Wiedenplatzer – Wallburgweg – Schwalbennest – Naturns

Anreise: Auf der Vinschgauer Talstraße von West oder Ost nach Naturns

Ausgangspunkt: Naturns (Ortsmitte)

Höhenunterschied: ca. 220 m

Gesamtgehzeit: ca. 2 ½ Std.

Orientierung und Schwierigkeit: Für gehgewohnte Wanderer leicht und problemlos, die Wege an ausgesetzten Stellen mit Geländern versehen. Im Bereich der Wallburg sich nicht in gefährliches Gelände wagen!

Einkehrmöglichkeiten: ja

Beste Jahreszeit: Frühjahr – Herbst

Wanderkarten 1:50.000: Kompass, Blatt 53 (Meran); Freytag-Berndt Blatt S 2 (Vinschgau – Ötztaler Alpen). – **1:25.000:** Tabacco, Blatt 04 (Schnalstal)

Blickfang an unserem Weg – Schloss Hochnaturns

■ Eigentlich ist der Wallburgweg ein alter Waalweg, und zwar der Begleitweg des ursprünglich neun Kilometer langen, 1833 erbauten Naturnser Schnalswaales, dessen Wasser aber schon lange großteils in Felsstollen und Rohren fließt.

Beim Weg, der den Namen Wallburgweg erhielt, weil sein heutiger westlicher Endpunkt im Bereich einer vermuteten ehemaligen Wallburg liegt, handelt es sich um eine schöne, großteils eben verlaufende Wanderroute, die gut 200 Höhenmeter über Naturns die teils felsigen, teils mit Gebüsch und Bäumen bewachsenen Sonnenhänge durchquert.

Die Begehung dieses Weges ergibt mit dem Aufstieg und dem Abstieg eine landschaftlich wie kulturgeschichtlich lohnende Rundwanderung, die wir im Dorf Naturns beginnen und beenden.

Zunächst geht es hinauf zum Wallburgweg, dann wandern wir auf diesem und vorbei an einer ehemaligen Waalerhütte bis zu seinem westlichen Ende und damit zur sogenannten Wallburg, einer hoch über dem Ausgang der Schnalser Schlucht befindlichen, grasbewachsenen Felskanzel, dem Schloss Juval gerade gegenüber.

Früher sollen sich hier alte Mauertrümmer befunden haben, die eben an eine einstige Wallburg denken lassen, und prähistorische Kleinfunde kamen unten am Bergfuß zutage.

Heute steht auf dem sagenumwobenen und sehr archaisch wirkenden Steger- oder Frauenknott, wie die Kanzel auch genannt wird, ein Wegkreuz, und Bänke laden zum Verweilen ein.

Von der Wallburg steigen wir schließlich zum Ausgangspunkt ab – vorbei an der lauschigen Einkehrstätte Schwalbennest, am nahen Maurpamhöfl und an der weithin sichtbaren Burg Hochnaturns.

Diese stattliche Burg aus dem frühen 13. Jahrhundert, an welcher vor allem der 26 Meter hohe Bergfried mit seinem schräg ansteigenden Kranz schlanker Schwalbenschwanzzinnen auffällt, prägt das Naturnser Landschaftsbild ganz entscheidend mit und ist auch für uns ein besonderer Blickfang.

➡ **Wegverlauf:** Von Naturns (554 m) zunächst längere Zeit der Markierung 39/91 und der Beschilderung »Wallburgweg« folgend teils auf Straßen, teils auf abseits verlaufenden Wegen nordostwärts leicht ansteigend zum Gasthaus Wiedenplatzer-Keller und auf Fußweg, vorbei an einer unteren Waalstrecke, durch Gebüsch und freie Hänge hinauf zum (oberen) Waalweg, der die Bezeichnung »Wallburgweg« trägt (ca. 750 m; ab Naturns ¾ Std.). Auf diesem nun in ebener Wanderung westwärts zur Querung einer Höfestraße, dann auf dem stets guten und an ausgesetzten Stellen mit Holzgeländern abgesicherten Wallburgweg und vorbei an der alten Waalerhütte sowie an einem Brunnen in ebener Querung steiler Hänge (entlang des Weges markierte Abstiegsmöglichkeiten) bis hinaus zur »Wallburg«, der Kanzel am Ende des Weges (775 m, Sitzbänke, Wegkreuz); ab Beginn des Waalweges gut 1 Std. – Abstieg: Auf dem Wallburgweg wieder kurz zurück, dann rechts auf markiertem Weg leicht absteigend hinunter zur Gaststätte Schwalbennest, auf breitem Weg weiter absteigend zu einem Bachgraben und auf schmaler Straße hinunter nach Naturns; ab Wallburg ½ Std.

Höferunde am Naturnser Sonnenberg

Wanderung hoch über dem unteren Vinschgau

Im Reich der himmelnahen Naturnser Berghöfe

Die Wanderung im Überblick: Naturns – Unterstell – Dickhof – Kopfronhof – Unterstell – Naturns

Anreise: Über die Vinschgauer Talstraße von Ost oder West nach Naturns; dann mit der Seilbahn zum Hof Unterstell

Ausgangspunkt: Naturns

Höhenunterschied: 427 m

Gesamtgehzeit: ca. 3 ½ Std.

Orientierung und Schwierigkeit: Leicht und problemlos, vereinzelt warten aber auch steilere Wegstücke auf; fast alle Höfe bieten Einkehrmöglichkeit.

Einkehrmöglichkeiten: ja

Beste Jahreszeit: Frühjahr und Herbst, im Hochsommer heiß

Wanderkarten 1:50.000: Kompass Blatt 53 (Meran); Freytag-Berndt, Blatt S2 (Vinschgau – Ötztaler Alpen). – 1:25.000: Tabacco, Blatt 04 (Schnalstal)

■ Die Siedlungslandschaft der Berghöfe hoch über Naturns bildet ein sehr lohnendes Wandergebiet, das für jeden Geschmack etwas bereithält. Aus der Vielzahl an Wandermöglichkeiten wählen wir eine Höferunde aus, die am bekannten, mit einer modernen Personenseilbahn erreichbaren Hof Unterstell beginnt und endet.

Dank der Seilbahn bleibt viel Zeit für die Begehung der Tour. Von Hof zu Hof wandernd und bis zum höchstgelegenen, dem Dickhof, ansteigend, lernen wir einen guten Teil dessen kennen, was man den Vinschgauer Sonnenberg nennt mit seinen himmelnahen Berghöfen, den fleißig bewässerten Wiesen, den lichten Lärchenbeständen, den uralten Wegen und vereinzelt auch noch dem einen oder anderen erhalten gebliebenen Altbau.

Unsere Runde führt uns vom eigentlichen Naturnser Sonnenberg auch ein Stück hinein zum sogenannten Fuchsberg über dem äußersten Schnalstal, eine Höfelandschaft, die sich hinaufzieht bis in die Almregion.

Von Unterstell also steigen wir über die Höfe Patleid und Lint hinauf zum bereits 1357 erstmals erwähnten Dickhof, der erfreulicherweise noch in Teilen seine ursprüngliche Bausubstanz bewahrt hat und von seiner hohen Warte aus bis zur Rosengartengruppe in den Dolomiten, zum Cevedale im Ortlergebiet und zur Weißkugel in den Ötztaler Alpen blickt. Dann führt uns der Weg hinunter zum Kopfronhof, und von da an folgen wir dem Meraner Höhenweg, der uns zum stattlichen Waldhof, dann zum Hof Inner-Unterstell und über den Patleidhof wieder zurück zum Ausgangspunkt bringt.

Der Dick, der höchste Berghof entlang unserer Rundwanderung

Die meisten der genannten Höfe bieten Einkehrmöglichkeit, und wenn hier die Aussicht des Dickhofes besonders gerühmt wurde, so sei gerechterweise hinzugefügt, dass auch die anderen Höfe mit schönen Ausblicken und teilweise mit geradezu schwindelerregenden Tiefblicken aufwarten.

▶ **Wegverlauf:** Von Naturns zunächst mit der modernen Seilbahn (Talstation am Westrand des Dorfes im Ortsteil Kompatsch) hinauf zum Hof Unterstell (1282 m; Jausenstation). Dann zu Fuß kurz hinauf zu Weggabel, nun links der Markierung 10 folgend teils auf alten Fußpfaden, teils auf der Höfestraße hinauf zum Patleidhof, kurz weiter zum Linthof und auf dem Fußweg 10 teilweise durch Wald mittelsteil hinauf zum Dickhof (1709 m); ab Unterstell 1½ Std. – Nun kurz auf der Höfestraße und dann stets auf dem Fußsteig 10 durch Wiesen und lichte Baumbestände hinunter zum Kopfronhof (1436 m, ab Dick ¾ Std.), nun der Beschilderung »Meraner Höhenweg« folgend zunächst hinauf zum Waldhof (1505 m), dann stellenweise absteigend hinaus zum Hof Inner-Unterstell (1470 m), auf dem Höhenweg weiter zu Weggabel, rechts auf Weg 24 A zum Patleidhof und wie im Aufstieg zurück nach Unterstell; ab Kopfronhof 1½ Std. – Schließlich mit der Seilbahn wieder hinab nach Naturns.

Lodnerhütte und Blasiuszeiger

Unschwierige Bergtour im Naturpark Texelgruppe

Der Blasiuszeiger, Hausberg der Lodnerhütte

Die Wanderung im Überblick: Rabland – Giggelberghof – Nassereithhütte – Lodnerhütte – Blasiuszeiger – retour

Anreise: Von Meran oder aus dem Vinschgau kommend nach Rabland

Ausgangspunkt: Rabland bzw. Giggelberghof

Höhenunterschied: 1314 m

Gesamtgehzeit: 9 – 10 Std. (auf zwei Tage aufteilbar)

Orientierung und Schwierigkeit: Für gehtüchtige und bergerfahrene Wanderer nicht schwierig

Einkehrmöglichkeiten: ja

Beste Jahreszeit: Sommer – Frühherbst

Wanderkarten 1:50.000: Kompass, Blatt 53 (Meran); Freytag-Berndt, Blatt S 1 (Bozen – Meran – Sarntal). – **1:25.000:** Tabacco, Blatt 011 (Meran und Umgebung)

Das Gipfelkreuz auf dem Blasiuszeiger

■ Im Westteil des berühmten Naturparks Texelgruppe erhebt sich der 2837 Meter hohe Blasiuszeiger als zwar nicht besonders hohes, aber dennoch formschönes und dazu vergleichsweise leicht ersteigbares Tourenziel.

Diese Tour, die wir in Rabland beginnen, ist aber ziemlich lang. So kommt es uns nicht ungelegen, dass wir den ersten Teil mit der neuen Seilbahn zurücklegen können, die uns bis in die Nähe des über 1500 Meter hoch gelegenen Giggelberghofes bringt.

Der Aufstieg führt uns dann, nach der Querung zur Nassereithhütte, durch das schmale, von felsigen Flanken gesäumte Zieltal, das von Partschins als steile Furche in die Texelgruppe hinaufzieht. Der wasserreiche Zielbach schäumt in Kaskaden talwärts und bildet im untersten Teil des Tales den berühmten Partschinser Wasserfall.

Abgesehen vom Giggelberghof nahe der Seilbahnstation bietet die erwähnte Nassereithhütte eine erste Rast- und Einkehrmöglichkeit, nach einem längeren Aufstieg gelangen wir zur statt-

lichen Kuhalm, wo erneut Einkehrmöglichkeit besteht, und von dort ist es nicht mehr weit zur Lodnerhütte, einem stattlichen Schutzhaus, das inmitten ausgedehnter Grashänge auf einer kleinen Geländerippe steht.

Die nach einem nahen Hochgipfel benannte Schutzhütte wurde bereits 1891 von der Sektion Meran des Deutschen und Österreichischen Alpenvereins erbaut und ging nach der Angliederung Südtirols an Italien an die Meraner Sektion des italienischen Alpenklubs. Was uns hier noch vom Gipfel des Blasiuszeigers trennt, ist ein zumindest im letzten Teil recht steiler Aufstieg von fast 2½ Stunden.

Doch die Route ist beschildert und markiert, und großteils ist auch ein recht guter Pfad vorhanden. So wird die markante Felspyramide ohne nennenswerte Schwierigkeiten erklommen, und am Gipfelkreuz erwartet uns aufgrund der zentralen Lage eine einmalige Rundsicht auf den Hochgebirgskranz rund um das Zieltal.

Die Lodnerhütte in der Texelgruppe

Wegverlauf: Zunächst von Rabland oder Partschins mit der neuen Personenseilbahn (Talstation nahe dem Friedhof zwischen Rabland und Partschins) hinauf zum Giggelberghof (1565 m; Ausschank). Von dort auf Weg 24 in 1 Std. die Hänge ostwärts querend zur Nassereithhütte (Gaststätte, 1523 m), auf Weg 8 in langem, aber landschaftlich schönem Anstieg über die Gingglalm hinauf zur Kuhalm (2196 m, Ausschank) und weiter zur Lodnerhütte (2262 m; Sommerbewirtschaftung); ab Giggelberghof ca. 3 Std. – Auf den Blasiuszeiger: Von der Wegteilung gleich oberhalb der Hütte stets der Beschilderung »Blasiuszeiger« folgend zuerst auf Steig 9 westwärts zum Lafaisbach (Brücke über kleine Felsschlucht), auf Steig 3 A südwärts teilweise in Kehren hinauf zu einem Grasrücken (ca. 2500 m), über diesen fast eben zum Fuß des Nordgrates, dann die breite Nordostflanke des Berges (Schieferfels und -schutt) in leichtem Anstieg querend zum Ostrücken und links von diesem über steile Gras- und Felsstufen auf meist erdigem Pfad ziemlich gerade empor zum Gipfelkreuz (2837 m; ab Hütte knapp 2 ½ Std.). – Der Abstieg erfolgt auf dem Anstiegsweg in insgesamt ca. 4 Std.

Vigiljoch und Naturnser Alm

Rundwanderung vom Höhendorf Aschbach aus

Das Höhenkirchlein am Vigiljoch

Die Wanderung im Überblick:
Rabland bzw. Aschbach – Vigiljoch – Naturnser Alm – Aschbach

Anreise: Von Ost oder West auf der Vinschgauer Talstraße nach Rabland und südwärts abzweigend zur Talstation der Aschbacher Seilbahn

Ausgangspunkt: Aschbach

Höhenunterschied: 596 m

Gesamtgehzeit: ca. 3½ Std.

Orientierung und Schwierigkeit:
Für gehgewohnte Wanderer in jeder Hinsicht leicht und problemlos

Einkehrmöglichkeiten: ja

Beste Jahreszeit:
Sommer – Frühherbst

Wanderkarten 1:50.000: Kompass, Blatt 52 (Vinschgau); Freytag-Berndt, Blatt S 2 (Vinschgau – Ötztaler Alpen). – **1:25.000:** Tabacco, Blatt 011 (Meran und Umgebung)

■ Vom Bergfuß gegenüber Rabland mit der Seilbahn hinauf nach Aschbach, dann zu Fuß weiter zum Vigiljochkirchlein, von dort Querung zur Naturnser Alm und Abstieg nach Aschbach – das ist unsere Wanderroute.

Von der Häusergruppe Saring also bringt uns die kleine Personenseilbahn hinauf nach Aschbach, das südseitig gut 1350 Meter hoch an den Hängen des untersten Vinschgaus liegt. Das kleine Höhendorf wird von ausgedehnten, ziemlich steilen Wiesenhängen umgeben, etliche Häuser und Höfe gesellen sich zur spitztürmigen, 1695 errichteten kleinen Kirche, es gibt Einkehrmöglichkeit, und etwas tiefer steht das malerische Kirchlein Maria Schnee.

Von Aschbach wandern wir an der Nordseite jenes Kammes, der den unteren Vinschgau vom Ultental trennt, in gut einstündigem Waldanstieg über den Jochweg hinauf zum Vigiljoch, wo in fast 1800 Meter Höhe nahe dem einstigen Bauernhof und heutigen Gasthof Jocher das bekannte, dem hl. Vigilius geweihte Höhenkirchlein einen spitzen, aus weißem Marmorgestein gebildeten Hü-

gel krönt. Das in seinen Grundzügen romanische, 1278 urkundlich erwähnte Kirchlein mit seinem hohen Turm und dem im 16. Jahrhundert errichteten gotischen Chor enthält im Innern des Langhauses Fresken aus dem 14. Jahrhundert.

Um den relativ kurzen Aufstieg zu einer etwas längeren Rundwanderung auszudehnen, queren wir vom Vigiljoch hinüber zur viel besuchten Naturnser Alm, die – in freier Lage den Dreitausendern der Texelgruppe gerade gegenüber – willkommene Rast- und Einkehrmöglichkeit bietet.

Beim Abstieg nehmen uns schließlich wieder die schattseitigen Nadelwälder auf, bevor in Aschbach diese schöne, wegen der großteils nordexponierten Lage auch an heißen Sommertagen empfehlenswerte Runde ihren Abschluss findet.

▶ **Wegverlauf:** Zunächst mit der kleinen Seilbahn von Rabland (die Talstation befindet sich gegenüber dem Dorf am südlichen Bergfuß) südseitig hinauf zum Dörfchen Aschbach (1326 m, Gasthaus; von der Töll herauf auch Autostraße) und dann zu Fuß auf dem Waldweg 28 steil durch Wald hinauf zur Kammsenke Vigiljoch (ca. 1720 m, in der Nähe das Gasthaus Jocher und das Höhenkirchlein St. Vigil); ab Aschbach gut 1 Std. Nun der Markierung 9/30 und den Wegweisern »Naturnser Alm« folgend auf breitem Weg in mäßig steilem Waldanstieg südwestwärts zu Wegteilung (ca. 1920 m), dort rechts ab und dann, mit Markierung 30, meist im Waldbereich weitgehend eben hinüber zur Naturnser Alm (1922 m; Ausschank; ab Vigiljoch knapp 1½ Std.). – Abstieg: Von der Alm auf Waldweg 27 nordostwärts in großteils mäßig steiler Waldquerung hinunter nach Aschbach (ab Naturnser Alm gut 1 Std.) und mit der Seilbahn wieder zurück ins Tal.

Am Vigiljoch öffnet sich der Blick
zu den Dolomiten und zum Gantkofel.

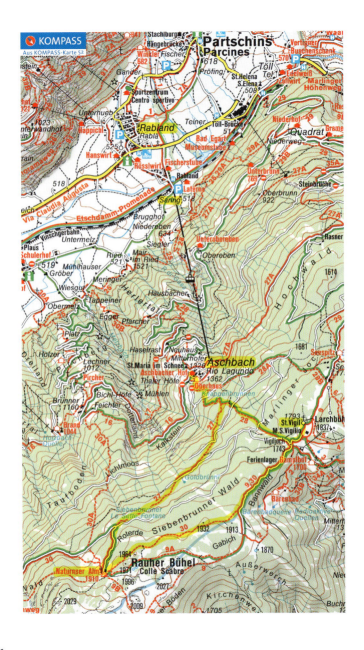

Der Partschinser Sagenweg
Partschinser Waal, Golderskofel und Wasserfall

Der Partschinser Sagenweg folgt ein Stück dem gleichnamigen Waalweg

Die Wanderung im Überblick:
Partschins – Waalweg – Sagenweg – Ebnerhof – Partschinser Wasserfall – Partschins

Anreise: Auf der Töll von der Vinschgauer Talstraße abzweigend hinauf nach Partschins

Ausgangspunkt: Partschins

Höhenunterschied: ca. 450 m

Gesamtgehzeit: 3 – 3 ½ Std.

Orientierung und Schwierigkeit:
Für gehgewohnte Wanderer in jeder Hinsicht leicht und problemlos, manche Wegstrecke aber etwas steil

Einkehrmöglichkeiten: ja

Beste Jahreszeit: Frühjahr – Spätherbst

Wanderkarten 1:50.000: Kompass, Blatt 53 (Meran); Freytag-Berndt, Blatt S 1 (Bozen – Meran – Sarntal). – **1:25.000:** Tabacco, Blatt 011 (Meran und Umgebung)

■ Bei dieser Wanderroute handelt es sich um einen sogenannten Themenweg, der in Partschins beginnt und eine lohnende Rundwanderung ermöglicht. Das Thema, das er uns näher bringt, ist die Partschinser Sagenwelt, und zwar anhand von besonderen Örtlichkeiten, über welche die Volksüberlieferung so manches zu erzählen weiß.

Zuerst geht es durch Obstgüter zur Jausenstation Graswegerkeller, dann folgen wir ein Stück dem bekannten Partschinser Waalweg, von diesem abzweigend steigen wir durch die mit Buschwerk bewachsenen Hänge bergan zum Ebnerhof, und von dort queren wir hinein ins Zieltal, um nach einem Abstecher zum herrlichen Partschinser Wasserfall zum Ausgangsort abzusteigen.

Hinweisschilder machen uns auf seltsame Schalen- und Zeichensteine, vermutbare Kultstätten und auf alte Mauerzüge aufmerksam, auf die sagenumwobene Teufelsplatte und auf eine Höhlung, in der einst eine mit dem Teufel verbündete Hexe gehaust haben soll, die in Wirklichkeit aber wohl eine bedauernswerte, der Hexerei bezichtigte und hierher geflüchtete Frau gewesen sein dürfte. Außerdem kommen wir auch am Golderskofel vorbei, wo eine prähistorische Siedelstätte vermutet wird.

Beim Ebnerhof erreichen wir den höchsten Punkt unserer Wanderung, und nun geht es hinein ins Zieltal und kurz hinauf zum berühmten, 97 Meter hohen Partschinser Wasserfall, wo ein Gasthaus Einkehrmöglichkeit bietet.

Der fast hundert Meter hohe Partschinser Wasserfall, ein beeindruckendes Wanderziel

Der Abstieg führt uns schließlich am Saltenstein vorbei, und auch hier, unweit eines weiteren Gasthauses, macht der Sagenweg seinem Namen alle Ehre. Denn einst, so heißt es, befand sich da ein stolzes Schloss oder gar eine reiche Stadt. Davon ist heute zwar nichts mehr zu sehen, aber unter dem von Efeu umwucherten Saltenstein liegt noch die Kirchenglocke begraben – und die lässt einmal alle hundert Jahre ihr helles Läuten erklingen …

▶ **Wegverlauf:** Von Partschins (637 m) stets der Beschilderung »Sagenweg« folgend auf Weg 7A nordostwärts zur Jausenstation Graswegerkeller, dort links ab und auf dem Partschinser Waalweg nahezu eben westwärts, bis der Sagenweg, ab nun längere Zeit ein steiler Fußpfad, bergseitig abzweigt. Auf diesem durch Gebüsch hinauf zur Tablander Straße, auf dieser kurz weiter zum Golderskofel und hinauf zum Ebnerhof (1018 m; ab Partschins 1 ½ Std.). Nun unter dem Hof auf dem markierten Sagenweg durch Waldhänge und Wiesen teils eben, teils leicht auf und ab westwärts zum (geschlossenen?) Gasthaus Birkenwald, kurz hinüber zu einer Brücke und auf dem Fußweg den Wegweisern »Wasserfall« folgend hinauf zum Gasthaus Wasserfall (1073 m; daneben der Wasserfallhof; ab Partschins ca. 2 Std.); von da führt eine kurze Weganlage zu einer Aussichtskanzel in fast unmittelbarer Wasserfallnähe. – Abstieg: Vom Gasthaus Wasserfall wieder auf dem Fußweg hinab zum Gasthaus Birkenwald, weiterhin auf dem markierten Fußweg durch Wald hinunter zu Häusern (nahe dem Waalbeginn der Saltenstein) und, vorbei am Gasthaus Salten, der Straße nach hinunter nach Partschins; ab Wasserfall knapp 1 Std.

Stichwortregister

A
Aschbach 153
Atlantis auf Maseben 34

B
Bergwaal 65
Blasiuszeiger 149
Burgen Montani 107
Burgruine Hochgalsaun 119
Burg Schlandersberg 89

C
Churburg 65

D
Dickhof 146
Drei Seen 40
Düsseldorfer Hütte 77

E
Ebnerhof 157
Eishof 140
Endkopf 25
Etschquelle 25
Eyrs 83

F
Fallierteck 22
Finail 134
Fisolhof 89

G
Gand 92
Ganglegg 65
Gelbsee 98
Giggelberghof 149
Glieshof/Matsch 59, 62
Glurns 53
Glurnser Alm 53
Glurnser Köpfl 53
Golderskofel 157
Großer Schafkopf 28
Großhorn 44
Grünsee 98
Gschwell 28
Gschweller Seen 28

H
Haider Alm 40
Haider See 37
Heilige Drei Brunnen 68
Hinteres Schöneck 80
Hintergrathütte 74
Hinterkirch 34
Hochgalsaun, Burgruine 119
Hohes Marchegg 110
Hungerschartenseen 131

I
Ilzwaal 86
Innersulden 74, 77

J
Juval, Schloss 122

K
Kälberhütte 80
Kalvarienberg 65
Kanzel 77
Karthaus 125
Kastelbell 113, 119
Klosteralm 125
Kopfronhof 146
Kortsch 86
Kortscher Schafberg 131
Kurzras 131

L
Langenstein 74
Langtaufers 28, 31, 34
Latsch 107, 110, 113
Latschanderwaal 113, 119
Leitenwaal 65
Lodnerhütte 149

M
Mals 50
Malser Naturpark 50
Marchegg, Hohes 110
Mareinwaal 107
Martell 92, 104
Marteller Höfegebiet 95
Marteller Hütte 104
Marteller Talschluss 101, 104
Martelltal 95, 98, 101
Masebenalm 34
Mastaunalm 128
Mastaunhof 128
Matsch 62
Matscher Almen 62
Matscher Tal 59, 62, 65
Melag 31
Melager Alm 31
Mitterkaser 140
Mitterwaalsteig 50
Montani, Burg 107
Morosiniweg 74
Morter 107

N
Nassereithhütte 149
Naturns 143, 146
Naturnser Alm 153
Naturnser Berghöfe 146

Naturnser Sonnenberg 146
Naturnser Wallburgweg 143
Naturpark Texelgruppe 149
Neuwaal 107

O
Oberetteshütte 62
Ortler 71, 74, 77
Ostalpen 77
Ötztaler Alpen 22, 31

P
Partschins 157
Partschinser Sagenweg 157
Partschinser Waal 157
Partschinser Wasserfall 157
Payerhütte 71
Pfossental 140

R
Rabland 149, 153
Rableid 140
Rafein 134
Reschen 22, 25
Reschner Alm 22
Rotspitze, Vordere 101

S
Sagenweg 157
Saxalbersee 125
Schafberg 31
Schafkopf, Großer 28
Schlanders 86, 89
Schlandersberg, Schloss 89
Schlandraunklamm 89

Schlinig 47
Schliniger Almen 47
Schlinigtal 47
Schloss Juval 122
Schloss Schlandersberg 89
Schluderalm 95
Schluderns 65
Schludernser Waalwege 65
Schnalstal 134
Schnalswaal 122
Schwalbennest 143
Seebödenspitze 40
Sesvennahütte 47
Similaunhütte 137
Sonnenpromenade 86
Soyalm 92
St. Ägidius 86
St. Gertraud in Sulden 74
St. Martin 53
St. Martin im Kofel 116
St. Peter 83
St. Valentin auf der Haide 37, 40, 44
Stallwieshof 95
Sulden 71, 80

T
Tabarettagrat 71
Tabarettahütte 71
Tanas 83
Tarsch 110
Tarscher Alm 110
Tarscher Jochwaal 110
Tartsch 50
Tartscher Bühel 50
Taschljöchl 131

Taufers im Münstertal 56
Tellaalm 56
Tellahöfe 56
Tellakopf 56
Texelgruppe, Naturpark 149
Tiergartenspitze 34
Tisenhof 134, 137
Trafoi 68
Tschars 122
Tscharser Schnalswaal 122

U
Unser Frau in Schnals 128
Unterhölderle 92
Unterstell 146
Unterwaalsteig 50
Upialm 59
Upisee 59
Upital 59
Ursprung der Etsch 25

V
Vermoispitze 116
Vernagt 134, 137
Vernagter Stausee 134
Vigiljoch 153
Vordere Rotspitze 101
Vorderkaser 140

W
Wallburgweg 143
Weißkugelhütte 31
Wiedenplatzer 143

Z
Zaytal 77
Zufallhütte 104

Neue Wanderbuchreihe

Maurizio Capobussi
Die schönsten Wanderungen im Rosengarten
Von der Seiser Alm über Tiers zum Latemar

Rudi Wutscher
Die schönsten Wanderungen Südliches Trentino
Von Trient bis zum Gardasee
978-88-8266-437-4

```
****************************************
Eigentum
Franz Heinzmann
Goethestraße 7
D-82110 Germering

****************************************
```

Wanderungen zur Alpenüberquerung
Zu Fuß von München zum Gardasee
ISBN 978-88-6011-115-9

■ Handlich, informativ und vielseitig – so präsentiert sich die neue Athesia-Wanderbuchreihe und trägt der ständig steigenden Bergbegeisterung von Alt und Jung Rechnung.

im handlichen Format

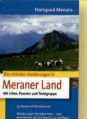

Hanspaul Menara
Die schönsten Wanderungen im Meraner Land
Mit Ulten, Passeier und Texelgruppe
ISBN 978-88-8266-483-1

Hanspaul Menara
Die schönsten Wanderungen im Bozner Land
Mit Sarntal, Überetsch und Unterland
ISBN 978-88-8266-551-7

Hanspaul Menara
Die schönsten Wanderungen im Pustertal
Mit Pfunders, Ahrntal, Sexten und Gadertal
ISBN 978-88-8266-485-5

Hanspaul Menara
Die schönsten Wanderungen im Eisacktal
Mit Gröden, Villnöß und Wipptal
ISBN 978-88-8266-549-4

Vorschläge für gemütliche Familienwanderungen, aber auch für anspruchsvollere Alpintouren machen diese Bücher zu einer wahren Fundgrube für jedermann.

Seilbahn Unterstell | Naturns

Wandern im Naturpark Texelgrupp
am NATURNSER Sonnenberg

I-39025 Naturns
Tel. +39 0473 66 84 18
www.unterstell.it